*"I wonder if the snow loves
the trees and fields,
that it kisses them so gently?
And then it covers them up snug,
you know, with a white quilt;
and perhaps it says,
"Go to sleep, darlings,
till the summer comes again."*

Lewis Carroll

Theresa Baumgärtner

WINTERGRÜN & STERNANIS

Vom Schmücken und Kochen
in der festlichen Zeit

INHALT

7 VORWORT

11 GOLDSTAUB AUS DER NATUR

Vom Suchen und Finden

31 GRÜNE SCHMUCK-WERKSTATT

Zauberhafte Bastelideen

73 MIT PAPIER, SCHERE UND ZWIRN

Von Hand gemacht

95 HIGH TEA VOR DEM KAMIN
Zur Ruhe kommen

113 ENTSPANNTE TAFELRUNDE
Zu Tisch mit lieben Gästen

139 TEAM
140 THERESAS BÜCHER
142 REGISTER
143 NACHWEISE
144 IMPRESSUM

VORWORT

WELCH EIN HUT ZUM AUFTAKT DER FESTLICHEN ZEIT! DAS SCHÖNSTE AUS FLORA UND FAUNA KOMBINIERT DIE SCHOTTISCHE ILLUSTRATORIN CLARE MELINSKY ZU EINEM EXTRAVAGANTEN MODELL.

Zweifellos würde dieser Hut beim Ladies Day im englischen Ascot für Furore sorgen. Für uns ist er symbolisch der schönste weihnachtliche Reisebegleiter! In seiner Vielfalt bringt er auf wunderbare Weise zum Ausdruck, was uns gerade in der Vorweihnachtszeit so sehr bereichern kann: die ausgiebigen Streifzüge durch die winterliche Natur, der Blick auf das Einfache und Schöne, das Entdecken von Überraschendem, das bewusste Sammeln. Die Zeit genießen bei handwerklichen Dingen und die helle Freude beim Schmücken und Gestalten! Und nicht zu vergessen, die Auswahl an Köstlichkeiten, auf die wir uns beim Einkehren freuen dürfen. Jetzt durchatmen und Glück verspüren, die Entdeckungsreise kann beginnen! Und wo geht es hin? Dorthin, wo es viel Raum für weihnachtliche Inspiration gibt. Inmitten einer weiten Naturlandschaft in Luxemburg erwartet uns Hazelnut House. Die Haselnusssträucher der Gegend haben dem Gutshaus aus dem Jahre 1851 seinen Namen gegeben. In seine wunderschöne, authentische Atmosphäre möchte ich alle mit „Wintergrün & Sternanis" sehr herzlich einladen!

Theresa

Willkommen in der wundervoll winterlichen Atmosphäre von Hazelnut House. Hier finden wir viel Raum für kreative und kulinarische Ideen.

GOLDSTAUB
AUS DER NATUR

*Vom Suchen
und Finden*

AN EINEM WINTERMORGEN

*„In bitterer Kälte fiel der Schnee
die ganze Nacht.
Als wir erwachten,
war der Garten weiß.
Und weiter wirbeln
die silbernen Flocken,
weiße Federn flattern
vom grauen Himmel.
Draußen vor dem Tor, leise Schritte
in der Stille,
draußen vor dem gefrorenen Fenster
weißschimmernd der Schnee."*

F. Ann Elliot, „Der Schnee"

Noch sind keine Wanderer an diesem verzauberten Wintermorgen unterwegs. Aber bald werden glückliche, rotwangige Gesichter auftauchen, die die Anhöhe nach Girsterklaus heraufkommen. Manche heben vielleicht grüßend die Hand, andere bleiben kurz stehen, um weit in das verschneite Tal zu blicken. „Kleine Luxemburger Schweiz" wird diese Gegend genannt.

ORT DER INSPIRATION

Der „Müllerthal Trail" mit seinen verwunschenen Felsschluchten, Wäldern und Wiesen vermag auf seinem Weg viele Glücksorte aneinander zu reihen. Girsterklaus ist so ein Ort. Hier schmiegen sich wenige Häuser um eine Kapelle. Sie ist ein kunsthistorisches Juwel der Romanik und die älteste Wallfahrtskirche des Großherzogtums. Vis-à-vis Hazelnut House, das Gutshaus aus dem Jahr 1851. In diesem geliebten Haus entwickle ich meine kulinarischen und kreativen Ideen, hier arbeite ich als Autorin und bin leidenschaftliche Gastgeberin. Der leichte Schneefall während der Nacht hat seinem Schieferdach eine weiße Haube aufgesetzt. Welch eine festliche Anmutung! Doch es ist nicht nur der frostige Mantel, der hier für viel Magie sorgt. Die einladende, altehrwürdige Ausstrahlung des Hauses ist stets deutlich zu spüren. Und sie ist eng verknüpft mit der Natur, die dem kleinen Dorf einen prächtigen Rahmen gibt.

LIEBEVOLLE VORBEREITUNG

In die Stiefel schlüpfen und nach draußen gehen, das geht hier auf dem Land so wunderbar einfach. Vom Haus durch den Garten und weit über das Feld. Auf den Streifzug heute habe ich mich schon seit Tagen gefreut. Denn die Zeit ist da, um die vorweihnachtliche Schmuckwerkstatt zu eröffnen! Jede Einstimmung gelingt mit geliebten Ritualen am besten. Und dazu gehören für mich das Sammeln und Zusammenstellen von Naturmaterialien. Um in die Rolle der Schätzesammlerin zu schlüpfen, lege ich zuerst alles sorgfältig bereit: die große Basttasche, die rote Gartenschere, nicht zu dicke Arbeitshandschuhe und festes Garn. Auch für die Auswahl meiner Garderobe nehme ich mir bewusst einen Moment Zeit. Die Wahl fällt auf einen Pullover aus einer kleinen schottischen Manufaktur. Er ist warm und zugleich wunderschön in den Farben. Jeder kennt dieses Gefühl: Es gibt Dinge, mit denen wir etwas Besonderes verbinden, die uns augenblicklich in eine frohe Stimmung versetzen. So eingestimmt wird es Zeit, nach draußen zu gehen. Die Natur bereitet uns ein Winterfest und wir können ein Teil davon sein, wenn wir unsere Sinne dafür öffnen.

GARTEN VOLLER SCHÄTZE

Die Luft ist kühl, aber nicht eisig wie oft im Januar. Der Garten liegt im winterlichen Dornröschenschlaf. Auf dem Hochbeet wirkt der Feldsalat wie mit Puderzucker bestäubt. Noch bis weit in den Dezember hinein können kleine Röschen davon geerntet werden. Und auch ein paar vitale Grünkohlpflanzen scheinen enge Verbündete des Winters zu sein. Von der üppigen Blumenpracht des vergangenen Sommers ist kaum noch etwas zu erahnen. Schon im Spätsommer habe ich dicke Bündel von verschiedenen Strohblumen geschnitten und kopfüber zum Trocknen aufgehängt. Getrocknete Blüten und Samenstände lassen sich bezaubernd schön in weihnachtliche Dekorationen einfügen. Sie sind federleicht, grazil, rascheln beim Berühren wie dünnes Papier und ihr Duft ist verblasst. Der Gedanke daran, dass ich ihre Schönheit in den Winter hinüberretten konnte, ist einfach beglückend. Zu den Souvenirs des Sommers zählen auch die großen Pinienzapfen, die ich jedes Jahr während der Ferien in den duftenden Wäldern der französischen Atlantikküste sammle.

GESCHENKE DER NATUR

Den Fundus aus getrockneten Schätzen stocke ich heute mit frischem Naturmaterial auf. Der Garten und die Streuobstwiese werden von einer dichten Hecke aus unterschiedlichen Sträuchern flankiert. Zwischen Schlehe und Haselnuss entdecke ich Zweige, die mit graugrünen Flechten überzogen sind. Ich verwende sie als Beiwerk für Kränze, in einer Vase kombiniert mit winterlichen Blüten, aber auch als Grundgerüst für meine „schwebenden" Festdekorationen.

Unterhalb der schattigen Hecke wächst reichlich Moos. Durch die Schneekristalle wirkt es wie ein kostbares Pelzgewebe. Auf den knorrigen Baumkronen der alten Apfelsorten hat sich die Mistel eingenistet. Bündelweise wird sie bald auf den Weihnachtsmärkten angeboten, um sie nach britischer, sehr romantischer Weihnachtstradition über der Tür aufzuhängen.

Am Waldrand finde ich noch das feine mit kleinen Zapfen bestückte Astwerk der Lärchen und Erlen. Beides sind schöne Winterzweige, die zusammen mit Koniferengrün gut harmonieren. Mit gleichmäßigen Schritten spaziere ich weiter durch die Landschaft, höre nur meine eigenen Atemzüge und das Knirschen des Schnees unter den Stiefeln. Die Zeit vor Weihnachten ist immer auch turbulent und voller Termine. Umso kostbarer sind solche Momente der Entspannung. Unten an der Flussniederung der Sauer, dort, wo die Luft stets feuchter ist, sind die Weidenbüsche mit zartem Raureif überzogen. Die Hagebutten der Wildrosen leuchten wie farbige Edelsteine dazwischen. Ein Rotkehlchen sitzt mit aufgeplustertem Gefieder im Geäst. „Little Robin with the red breast" nennen die Engländer liebevoll diesen Vogel. Schon seit viktorianischer Zeit taucht das Rotkehlchen dort als weihnachtliches Postkartenmotiv auf. Zauberhaft beschrieben wird es im Kinderbuch „Der geheime Garten" von Frances Hodgson Burnett, die uns auch den Weihnachtsklassiker „Der kleine Lord" geschenkt hat.

BETRACHTEN UND STAUNEN
Ich nehme die Schere aus dem Korb und schneide nach und nach ein Bündel Weidenruten. Sie sind biegsam und lassen sich traditionell zum Korbflechten verwenden. Aber auch als ringförmige Kranzunterlage spielen sie in meiner Schmuckwerkstatt eine wichtige Rolle. Weiden sollten übrigens nur im Winter geschnitten werden und nicht als blühende Weidenkätzchen im Frühjahr. In dieser Zeit stehen sie unter Schutz als wichtige Nahrungsquelle für die Insekten. Alternativ zur Korbweide verwende ich die dünnen Äste des roten Hartriegels. Er wächst sehr üppig im Garten und so habe ich immer eine Reserve für spontane Gestaltungsideen. Auf der Suche nach Schönem entdecke ich meist auch irgendetwas Unverhofftes. Eine kunstvoll gezeichnete Eulenfeder liegt auf dem Schnee. Die Waldohreule hat in dieser Gegend ihr Revier. Ich rolle den Federkiel zwischen den Fingerspitzen hin und her, um sie genau zu betrachten. Sie ist ein Glanzstück aus der Wunderkammer der Natur. Ich lege die Feder zu den gesammelten Kostbarkeiten in meine Basttasche und stapfe nun die Anhöhe nach Girsterklaus wieder hinauf. Meine Wangen rot und ich überglücklich.

THERESAS WINTERGRÜN PLAYLIST

Ob zum High Tea vor dem Kamin oder beim festlichen Dekorieren, diese Musik sorgt für eine wundervolle Atmosphäre.

https://open.spotify.com/user/theresaskueche

WEIDENRINGE

BASIS FÜR KRÄNZE

Die Herstellung dieser Kranzunterlagen ist ganz einfach. Ich verwende sie gern für leichte, eher zierliche Kränze. Dazu gehören die klassischen Buchskränze für die Fenster, kleine Schmuckkränze auf den Tisch, aber auch für einen Türkranz eignet sich der Weidenring.

ES WERDEN BENÖTIGT:

1 frisch geschnittene, nicht zu dicke Weidenrute
alternativ eignen sich Zweige vom Hartriegel oder Haselnussstrauch
Gartenschere

SO GEHT ES:

1 Zuerst die Weidenrute zu einer Schlaufe für die gewünschte Ringgröße biegen.

2 Mit Daumen und Zeigefinger die Schlaufe gut festhalten, mit der anderen Hand den Anfang und das Ende der Weidenrute jeweils nach links und rechts in die Schlaufe winden. Dadurch bekommt der Ring eine zusätzliche Stabilität.

3 Nach Bedarf den Ring noch etwas zurechtbiegen, sodass er ganz rund ist. Die überstehenden Weidenenden mit der Gartenschere abschneiden.

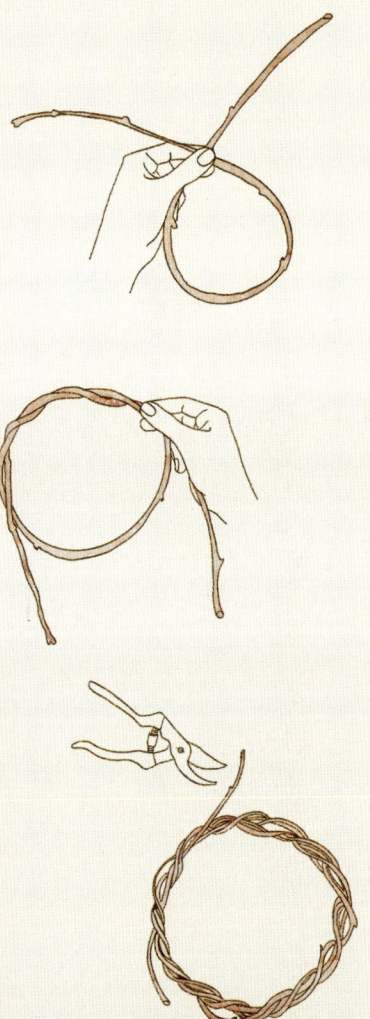

WAS ICH ALLES
IM WALD FINDE:

Zweige & Äste

Moos

Steine

Samenstände

Tannenzapfen

Flechten

Rinde

Gräser

Federn

Kastanien

Eicheln

verlassene Vogelnester

und noch vieles mehr

WINTERPORRIDGE MIT BIRNEN

AN KALTEN WINTERMORGEN KOCHE ICH MIR DIESEN WÄRMENDEN PORRIDGE. DANACH FÜHLE ICH MICH GESTÄRKT UND STARTE VOLLER POSITIVER ENERGIE IN DEN TAG.

ZUTATEN FÜR ZWEI PERSONEN:

2 kleine reife Birnen (z.B. Conference)
4 EL feine Vollkornhaferflocken
250 ml Wasser
1 Prise Salz
Saft von ½ Zitrone
2 EL Ahornsirup

ZUM BESTREUEN:
etwas gemahlener Ceylon-Zimt

ZUM VERZIEREN:
Pistazienkerne und getrocknete Rosenblüten

1 Birne schälen und grob raspeln. In einem Topf die Haferflocken mit dem Wasser und dem Salz aufkochen und 1 Minute köcheln lassen. Nun die geraspelte Birne untermengen und 1 weitere Minute bei milder Hitze köcheln lassen.

Die zweite Birne waschen und mit Schale längs in 5 mm dicke Scheiben schneiden. Danach auf beiden Seiten mit dem Zitronensaft beträufeln. In einer Pfanne den Ahornsirup einmal aufkochen und die Birnenscheiben darin wenden. Den Porridge in kleine Schüsseln füllen und die Birnen darauf drapieren. Mit dem restlichen Ahornsirup beträufeln und mit dem Zimt bestreuen. Wer mag, kann den Porridge mit Pistazien und getrockneten Rosenblüten verzieren.

GEWÜRZTEE

OH, DER GEWÜRZTEE IST SO WUNDERBAR WÄRMEND IN DIESER ZEIT!

ZUTATEN
FÜR 2 GROSSE TASSEN
(À 250 ML):

½ TL schwarze ganze Pfefferkörner
3 Kardamomkapseln (geöffnet)
1 Sternanis
1 ganze Nelke
1 Stange Ceylon-Zimt
½ TL Aniskörner
600 ml Wasser
30 g frischer Ingwer
1 TL schwarzer Tee
2 TL Honig
etwas Milch

Die trockenen Gewürze in einer Pfanne leicht erwärmen, damit sich das Aroma entfaltet. Das Wasser in einem Topf zum Kochen bringen. Den Ingwer schälen, in feine Scheiben schneiden und mit den Gewürzen und dem schwarzen Tee in das Wasser geben und 3 Minuten köcheln lassen. In jede Tasse 1 TL Honig füllen. Den Gewürztee durch ein Sieb in die Tassen gießen und mit einem Schuss Milch servieren.

ZIMTHERZEN

ZUTATEN FÜR CA. 40 STÜCK:

500 g Dinkelmehl, Type 630
3 g Salz
1 TL gemahlener Ceylon-Zimt
½ TL gemahlener Kardamom
60 g heller Rohrohrzucker
10 g frische Hefe
250 g Milch (lauwarm)
50 g Saure Sahne (30 % Fett)
1 Eigelb
75 g weiche Butter (Zimmertemperatur)

FÜR DIE FÜLLUNG:
60 g weiche Butter
50 g heller Rohrohrzucker
1 TL gemahlener Ceylon-Zimt
½ TL gemahlener Kardamom

ZUM BESTREICHEN:
1 Eigelb
1 EL Milch

ZUM BESTÄUBEN:
etwas Puderzucker

etwas Dinkelmehl für die Arbeitsfläche
Backpapier für das Backblech

Für den Hefeteig das Mehl, das Salz, die Gewürze und den Zucker in eine Rührschüssel geben und gut vermischen. In der Mitte eine kleine Mulde hineindrücken. Die Hefe in der Milch auflösen, in die Mulde gießen und 15 Minuten gehen lassen.

Danach die Saure Sahne, das Eigelb und die Butter dazugeben und alles mit der Hand oder mit dem Knethaken der Küchenmaschine zu einem geschmeidigen Teig kneten. Den Teig mindestens 2 Stunden an einem warmen Ort aufgehen lassen.

Den gegangenen Teig auf einer bemehlten Arbeitsfläche zu einem Rechteck von 70 x 17 cm ausrollen. Für die Füllung den Teig mit der weichen Butter bestreichen. Den Zucker mit den Gewürzen vermischen und darüber streuen. Ein Backblech mit Backpapier auslegen. Die Teigfläche von den Längskanten her jeweils zur Mitte aufrollen, 1,5 cm breite Scheiben abschneiden und als Herzen auf das Blech legen. Die Herzen weitere 20 Minuten gehen lassen.

Den Backofen auf 180 °C (Umluft) vorheizen.

Das Eigelb mit der Milch verrühren und damit die Oberfläche der Herzen bestreichen. Die Herzen im heißen Ofen in 14–15 Minuten goldbraun backen. Danach auf einem Gitter auskühlen lassen und mit dem Puderzucker bestäuben.

TIPP: Die frisch gebackenen Herzen lassen sich sehr gut einfrieren. So habe ich immer einen Vorrat für Überraschungsgäste.

Die erste frostige Nacht hat die Gartenblumen draußen verzaubert. Drinnen liegen schon die getrockneten Blüten der Hortensie „Annabelle" bereit. Ich verwende sie als duftiges Beiwerk für Kränze.

GRÜNE SCHMUCKWERKSTATT

*Zauberhafte
Bastelideen*

GELIEBTER AUFTAKT

Harzige Zapfen, erdiges Moos, noch leicht feuchte Rinde und Flechten, frischer Eukalyptus, Büschel von feinwürzigem Thymian und Rosmarin und über allem das balsamische Aroma des Koniferengrüns. Dieses Bouquet an weihnachtlichen Wohlgerüchen ist für mich wie ein lang ersehnter Duft, der einmal im Jahr den Raum erfüllt. Gerade so als würde ein berühmtes Traditionshaus für Parfumkunst, Penhaligon's in London fällt mir ein, einen Duftklassiker zum Fest neu auflegen. Dieser grüne Weihnachtsduft versetzt uns augenblicklich auf die Spielwiese der kreativen Gestaltung.

SCHMÜCKEN VERBINDET

Die Gedanken fliegen zu den vielen Ateliers und Werkstätten, die gerade in dieser Zeit vor Weihnachten Wundervolles vollbringen. Ihr künstlerisches florales Handwerk verzaubert die Räume und auch ein Stück die Menschen darin. Ob in der Stadt oder weit draußen auf dem Land, immer fühle ich mich verbunden mit allen, die jetzt vielleicht auch irgendwo Kränze schlingen, Girlanden bestücken und für eine schöne Atmosphäre sorgen. Während wir die Bündel sortieren, denken wir vielleicht darüber nach, wie der schmucke Rahmen für die kommende festliche Saison aussehen kann. Opulent oder eher schlicht? Traditionell oder neu interpretiert? Mein Plädoyer an dieser Stelle: Das Dekorieren sollte immer mit einer entspannten Leichtigkeit daherkommen, mit eigenen Vorlieben und persönlicher Handschrift. Vielleicht gibt es Traditionen in der Familie, die wir gern weiterführen, einfach, weil so viele schöne Erinnerungen damit verbunden sind. Anderes kommt neu dazu und gewinnt an Bedeutung.

KRANZBINDEREI VERZAUBERT

Wie wäre es, mit kleinen Details zu beginnen? Schon im Spätherbst, wenn die Wildgänse mit ihrem Zug den Winter ankündigen, beginne ich im Haus mit den ersten schmückenden Elementen: Ein Stillleben kombiniert aus Fundstücken aus der Natur. Dazu ein Kerzenlicht und eine besondere Karte. Wenn die Tage kürzer werden, zünde ich mit einsetzender Dämmerung die Windlichter vor dem Haus an. Sie wirken einladend, besonders in Verbindung mit einem festlichen Türkranz. Wer das Gestalten von Kränzen in seiner Vielfalt einmal für sich entdeckt hat, den lässt es so schnell nicht mehr los. Ein faszinierendes Experimentierfeld sind auch die im Raum schwebenden Dekorationen. Vor ein paar Jahren entdeckte ich bei einer Reise nach Edinburgh ein wunderschön gestaltetes Schaufenster. Dort waren winterliche Zweige federleicht durchwoben mit Blüten, Gräsern und einzelnen filigranen Glaskugeln. Am liebsten hätte ich mich auf eine kleine Bank wie im Museum gesetzt und dieses Kunstwerk aus der Natur lange auf mich wirken lassen. Aber es setzte Regen ein und ich machte mich beschenkt von dieser Inspiration auf die Rückreise.

ALLERLEI KRANZBINDEREI

GRÜNE KRÄNZE - IMMER RUNDHERUM

Ob ein Tür- oder Fensterkranz, ein traditioneller Adventskranz für den Tisch oder der große Klassiker zum Aufhängen, jeder Kranz, den wir mit unseren Händen selbst gebunden haben, ist ein ganz besonderes Unikat.

ES WERDEN BENÖTIGT:

1 großes Bund gemischte immergrüne Zweige (z.B. Nordmanntanne, Arizona-Zypresse, Kiefer, Ilex, Buchs, Eukalyptus oder Olivenzweige)
festes Packpapier als Unterlage für die Arbeitsfläche
2 Rollen grüner Bindedraht (dickeren für große und dünneren für kleine Kränze)
1 Strohkranz (Strohrömer, Ø 35 cm) als stabile Unterlage z.B. für einen Adventskranz, der mit Kerzen bestückt wird, oder 1 Weidenring (siehe S. 16) für leichtere Kränze (z.B. Fensterkranz)
Gartenschere

SO GEHT ES:

1 Zuerst ein „Buffet" aus den Naturmaterialien vorbereiten. Dafür jedes Grün in kleine Zweige (ca. 10–12 cm lang) zurechtschneiden und sortiert nebeneinander auf die mit Papier ausgelegte Arbeitsfläche legen.

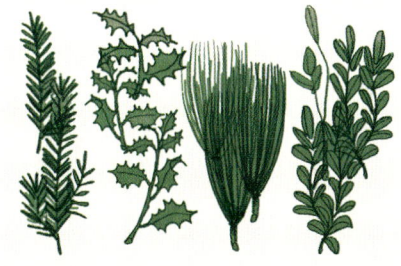

2 Den Draht einmal eng um den Strohkranz binden, den Anfang fixieren und den Draht ein zweites Mal um die Unterlage wickeln.

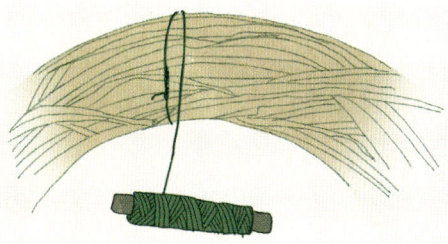

3 Verschiedene Zweige aus dem „Buffet" als kleine Büschel nebeneinander auf den Strohkranz legen und zweimal mit Draht umwickeln.

5 Wenn der Kranz fertig ist, den Draht abschneiden, das Endstück auf der Kranzrückseite fixieren.

4 Die nächsten Büschel dachziegelartig auf die ersten legen und erneut fixieren. So fortfahren, bis der Kranz rundum bestückt ist. Die meisten Kränze werden nur auf der Oberseite mit Grün bedeckt, ein frei hängender auch an der Unterseite.

6 Zum Aufhängen eines Kranzes an der Decke werden zwei gleich lange stabile Drähte so am Kranz befestigt, dass sich die Befestigungsenden eines Drahtes gegenüber liegen. Wenn der Kranz hängt, können zusätzlich dekorative Bänder über dem Draht angebracht werden.

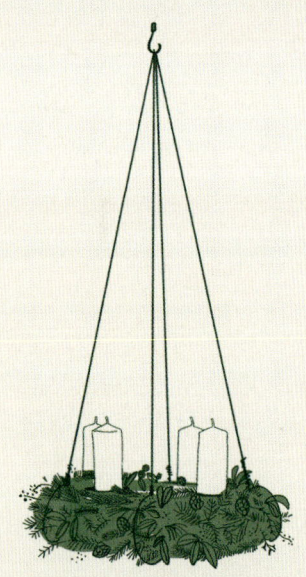

Pinienzapfen sind eindrucksvolle Anhänger am Türkranz. Zum Befestigen an dem Band entweder Draht um den Stiel wickeln oder einen kleinen Haken in den Zapfen drehen.

GLANZSTÜCKE

SO WILD UND SO SCHÖN. DIE NATUR SCHENKT UNS HIER EINE KLEINE BIJOUTERIE …

AN WEIHNACHTEN DARF ES GERN EIN WENIG GLITZERN.

Hier ist ein rundumgebundener Kranz mit Samenständen von Baumwolle, Mohn und Distel geschmückt. Damit die Kapseln wie kostbare Schmuckstücke schimmern, werden sie an den Spitzen mit Flüssigkleber eingepinselt und danach mit Goldglitzerpuder aus dem Bastelladen bestäubt. Im inneren Kreis des Kranzes spannt zusätzlich ein Gitter aus Draht. Dieser kleine Trick sorgt dafür, dass die an Golddraht aufgehängten Samenkapseln, Blüten und Kugeln aussehen, als würden sie schweben …

WINTERLICH VERZAUBERTE EICHELN

SIE SIND EINE MÄRCHENHAFTE DEKORATION AUF DEM TISCH, ABER AUCH AUFGEHÄNGT MIT GOLDDRAHT ENTZÜCKEN UNS DIE KLEINEN GLANZSTÜCKE AM WEIHNACHTSBAUM.

ES WERDEN BENÖTIGT:

Eichelhütchen mit Stiel aus dem Wald
Flüssigkleber
Pinsel
Goldglitzer zum Bestäuben (aus dem Bastelladen)
1 Schüssel
Olivenseife
weiße Filzwolle im Vlies
Heißklebepistole
1 Rolle feiner Golddraht zum Aufhängen (nach Belieben)

SO GEHT ES:

Die gewünschte Anzahl an Eichelhütchen auf der Oberseite mit Flüssigkleber einpinseln und mit Goldpuder bestäuben. Das überschüssige Glitzerpuder abklopfen und die Hütchen trocknen lassen.

Mit heißem Wasser und Seife aus Filzwolle zwischen den Handflächen kleine weiße Eicheln filzen: Dazu eine flache Schüssel mit möglichst heißem Wasser bereitstellen, die Hände darin eintauchen und danach mit reichlich Seife einreiben.

Ein walnussgroßes Stück Wolle zwischen den beiden Handflächen in kreisenden Bewegungen zunächst zu einer Kugel formen. Danach immer wieder eine hauchdünne Schicht Wolle um die Kugel legen und erneut mit Wasser und Seife kreisend verfilzen. Die fertige ovale Eichel sollte etwa eine Größe von 2 cm Länge und 1 cm Breite haben. Die Eichel mit klarem Wasser ausspülen und vollständig trocknen lassen. Alle Eicheln auf diese Weise filzen.

Mit einer Heißklebepistole (Vorsicht, dieser Arbeitsschritt ist nicht für Kinder geeignet!) einen Punkt Kleber in die Innenfläche des Hütchens drücken und die gefilzte Eichel hineindrücken, sodass beides zusammenhält. Trocknen lassen. Nach Belieben ein Stück Golddraht um den Stiel wickeln und die Eicheln aufhängen.

TIPP: Die Eichelhütchen am besten bereits im Herbst sammeln. Wer mag, kann auch fertige gefilzte Kugeln aus dem Bastelladen nehmen.

SÜSSE KRÄNZE

DIESE FEINEN PLÄTZCHEN WERDEN MIT PISTAZIEN UND GETROCKNETEN CRANBERRIES FESTLICH GESCHMÜCKT.

ZUTATEN
FÜR CA. 60 STÜCK:

230 g Dinkelmehl, Type 630
30 g geschälte, gemahlene Mandeln
1 Prise Salz
110 g heller Rohrohrzucker
160 g kalte Butter
1 Ei

FÜR DEN GUSS:
75 g Puderzucker
3 TL Zitronensaft

ZUM DEKORIEREN:
ca. 30 g getrocknete Cranberries
ca. 30 g halbierte Pistazienkerne

ZUM BESTÄUBEN:
etwas Puderzucker

Backpapier für das Backblech
etwas Dinkelmehl für die Arbeitsfläche

Ein Backblech mit Backpapier auslegen. Das Mehl, die Mandeln, das Salz und den Zucker in eine Rührschüssel geben. Die Butter in Würfeln hinzufügen und alles mit der Hand zu Streuseln vermengen. Das Ei verquirlen, dazugeben und alles zu einem geschmeidigen Teig kneten. Den Teig abgedeckt 30 Minuten kühl stellen.

Den Teig halbieren. Auf einer leicht bemehlten Arbeitsfläche die erste Teighälfte 3 mm dick ausrollen und 6 cm große Kreise mit gewelltem Rand ausstechen. Für die Herstellung einer Kranzform zusätzlich aus der Mitte einen 2 cm großen Kreis ausstechen. Mit der zweiten Teighälfte genauso verfahren. Die Kränze auf das Blech legen und 15 Minuten kühl stellen.

In der Zwischenzeit den Backofen auf 160 °C (Umluft) vorheizen. Die Plätzchen im heißen Ofen in 13–14 Minuten leicht goldbraun backen. Anschließend auf einem Kuchengitter auskühlen lassen.

Für den Guss den Puderzucker und den Zitronensaft glattrühren. Die Kränze damit glasieren. Die Cranberries sehr fein hacken, die Pistazien in Streifen schneiden und die Kekse damit dekorieren. Nach dem Trocknen die Plätzchen in einer Dose aufbewahren, damit sie schön knusprig bleiben. Vor dem Servieren mit etwas Puderzucker bestäuben.

In der Nähe von Hazelnut House, direkt neben der Kirche, steht ein Cottage. Ich darf es festlich schmücken – mit einem Bogen aus Hartriegelzweigen, Eukalyptus und Lärche. Getrocknete Strohblumen, Proteen und Fuchsschwanz bringen ihn zum Leuchten. Rote Stoffbänder verleihen weihnachtlichen Zauber.

BRATÄPFEL MIT VANILLESAUCE

„HÖRT, WIE'S KNALLT UND ZISCHET. BALD WIRD ER AUFGETISCHT", SO HEISST ES IM GEDICHT VOM BRATAPFEL. IN DER ZEIT VOR WEIH‐ NACHTEN TISCHEN WIR DIESEN KLASSIKER BESONDERS GERN AUF.

ZUTATEN FÜR 4 STÜCK:

4 Äpfel mit festem Fruchtfleisch (z.B. Boskoop)
Saft von ½ Zitrone

FÜR DIE FÜLLUNG:

50 g Marzipan
20 g Rosinen
1 Msp. gemahlener Ceylon-Zimt
1 TL Rum nach Belieben

FÜR DIE VANILLESAUCE:

½ Vanilleschote
250 ml Sahne
1 EL heller Rohrohrzucker
2 Eigelb

ZUM BESTREUEN:

30 g gehackte Mandeln
1 EL Honig
etwas Puderzucker

20 g Butter für die Form

Den Backofen auf 180 °C (Umluft) vorheizen. Eine feuerfeste Form mit Butter einfetten. Die Äpfel waschen und trocknen. Von jedem Apfel einen Deckel mit dem Stiel abschneiden und mit einem Apfelstecher das Kerngehäuse der Äpfel entfernen. Danach die Äpfel jeweils in 1 cm dicke Scheiben schneiden, mit dem Zitronensaft beträufeln und wieder aufeinandersetzen.

Für die Füllung den Marzipan zerbröseln und die Rosinen hacken. Mit den übrigen Zutaten gut vermischen und in die ausgehöhlten Mitten der Apfeltürmchen füllen. Die Bratäpfel im heißen Ofen je nach Größe 20–25 Minuten garen.

TIPP: Zwischendurch überprüfen, sie sollten nicht zu weich werden.

Für die Sauce die Vanilleschote auskratzen. Die Schote und das Mark zusammen mit der Sahne und dem Zucker in einem Topf aufkochen lassen. Danach beiseitestellen und ziehen lassen. Die Eigelbe in eine Schüssel geben, die Vanillesahne unter Rühren mit einem Schneebesen langsam hinzufügen. Danach die Sauce in den Topf zurückfüllen und unter Rühren erhitzen, bis sie bindet und dicklich wird.

Die Mandeln und den Honig in einer Pfanne kurz erwärmen. Die Bratäpfel mit der Vanillesauce servieren, mit etwas Puderzucker und den Honig-Mandeln dekorieren.

KAISERSCHMARRN MIT BEERENKOMPOTT

VOM WINTERSPAZIERGANG HEREINKOMMEN, KURZ DIE FÜSSE AUFWÄRMEN UND DANACH DIESE LIEBLINGSMEHLSPEISE GENIESSEN. HERRLICH!

ZUTATEN FÜR 2–3 PERSONEN:

130 g Dinkelmehl, Type 630
1 Prise Salz
230 ml Milch
3 Eigelb
3 Eiweiß
40 g Rosinen

ZUM BRATEN:
20 g Butter

ZUM KARAMELLISIEREN:
25 g Butter
30 g Puderzucker

ZUM BESTÄUBEN:
etwas Puderzucker

FÜR DAS BEERENKOMPOTT:
300 g gemischte Beerenfrüchte (frisch oder tiefgekühlt)
1–2 EL Honig

Für den Teig das Mehl, das Salz und die Milch in eine Schüssel geben und mit einem Schneebesen verrühren. Die Eigelbe unterrühren und den Teig 15 Minuten quellen lassen. Das Eiweiß steif schlagen und unter den Teig heben.

In einer beschichteten Pfanne (sehr wichtig!) die Butter schmelzen, den Teig einfüllen und verteilen. Die Rosinen darüber streuen. Die Pfanne mit einem Deckel verschließen und den Teig bei milder Hitze garen, bis die Oberfläche beginnt zu stocken. Die Unterseite sollte leicht gebräunt sein. Zum Wenden den Pfannkuchen auf einen großen, flachen Teller gleiten lassen, mit der Pfanne bedecken, unter den Teller fassen und beides so umdrehen. Den Teller abnehmen und die Pfanne zurück auf den Herd stellen. Den Pfannkuchen auf der anderen Seite bräunen lassen. Danach mit einem Holzspatel in kleine Stücke zerteilen.

Zum Schluss zum Karamellisieren die Butter dazugeben, den Puderzucker darüber stäuben und bei etwas höherer Hitze den Kaiserschmarrn unter ständigem Wenden ein paar Minuten karamellisieren.

Für das Kompott die Beeren aufkochen und mit dem Honig abschmecken. Zum Anrichten den Kaiserschmarrn mit Puderzucker bestäuben und das Beerenkompott dazu reichen.

Kleines Herbarium der Grünen Schmuckwerkstatt

Pflanzenverzeichnis siehe S. 138

ORANGENSCHEIBEN ALS SCHMUCKSTÜCKE

SIE SCHIMMERN WIE BUNTES GLAS UND EIGNEN SICH WUNDERSCHÖN ZUM DEKORIEREN. SCHON RECHTZEITIG VOR DER FESTLICHEN ZEIT LEGE ICH EINEN NEUEN VORRAT DAVON AN.

ES WERDEN BENÖTIGT:

5–6 kleine unbehandelte Orangen oder Blutorangen

Backpapier für zwei Backbleche

SO GEHT ES:

Die Orangen waschen und trocknen, anschließend mit einem scharfen Messer in möglichst dünne (4–5 mm), gleichmäßige Scheiben schneiden. Die Orangenscheiben zwischen Küchenpapier legen und mit einer Küchenrolle vorsichtig darüber rollen, so wird schon ein Teil des Saftes herausgedrückt.

Den Backofen auf 80 °C (Umluft) vorheizen. Zwei Bleche mit Backpapier belegen und die Orangenscheiben platzsparend darauf anordnen. Die Orangen benötigen etwa 2½–3 Stunden zur vollständigen Trocknung im Ofen.

TIPP: Zwischendurch den Backofen kurz öffnen, damit Feuchtigkeit entweichen kann und die Scheiben einmal umdrehen.

Danach die Orangen aus dem Ofen nehmen, auf einem Gitter auskühlen lassen und in einer Dose aufbewahren.

WEIHNACHTSWOLKE MIT GETROCKNETEN BLÜTEN UND ORANGEN

DIE INSPIRATION FÜR DIESES SCHWEBENDE ARRANGEMENT HABE ICH IN EDINBURGH GEFUNDEN. ES VERSPRÜHT WEIHNACHTLICHEN ZAUBER IM GANZEN HAUS.

ES WERDEN BENÖTIGT:

2 große verzweigte Äste (z.B. vom Hartriegel)
grüner Bindedraht
stabiler Nylonfaden
1 großes Bund getrocknete Hortensien der Sorte „Annabelle"
2 große Bund weißer getrockneter Strandflieder
Gartenschere
1 Rolle feiner Silberdraht
4 getrocknete Baumwollzweige
5 Stiele getrocknete Färberdistel
ca. 15 getrocknete Orangenscheiben (siehe S. 54)
ca. 5 cremeweiße Weihnachtskugeln in matt und glänzend und unterschiedlicher Größe

SO GEHT ES:

Die Äste so übereinanderlegen, dass die Verzweigungen nach außen ragen und die stabilen Enden zusammenliegen. Diese Enden mit dem Draht umwickeln und fixieren. An den beiden äußeren Seiten der Äste das jeweilige Ende eines Nylonfadens festknoten und die Deko damit an einem Haken aufhängen. Die Länge des Fadens bestimmt die Höhe der Installation.

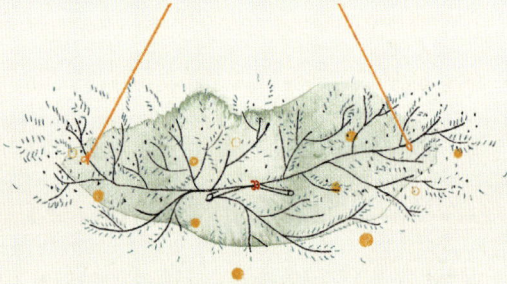

Die Hortensien und den Strandflieder auf 20 cm Länge zurechtschneiden und mit feinem Silberdraht die Stielenden luftig an den Zweigen des Gerüstes befestigen. Die Baumwollzweige in ihrer gesamten Länge jeweils am Ende ihres Stiels am Grundgerüst anheften. Die Färberdisteln, die Orangenscheiben und die Kugeln mit Draht in unterschiedlicher Länge aufhängen.

TIPP: Diese Installation kann bereits wunderbar im Herbst dekoriert und zu Weihnachten mit Kugeln ergänzt werden.

GRÜNE SCHMUCKWERKSTATT

WIR SCHMÜCKEN DAS FENSTER

Kleine Büschel aus Kiefernnadeln, Zimtstangen, Sternanis und Lärchenzapfen lassen sich mit Golddraht zu einer langen Girlande umwickeln und an das Fenster hängen. Die Kinder lieben diesen Schmuck und helfen eifrig mit.

KRANZ AUS TROCKENBLUMEN

DIESER KRANZ IST DAS GANZE JAHR ÜBER EIN DEKORATIVER BLICKPUNKT IM ZIMMER UND AUCH EINE WUNDERBARE GESCHENKIDEE!

ES WERDEN BENÖTIGT:

1 Stickrahmen aus Holz (Ø 40 cm)
1 Rolle grüner Bindedraht
ca. 20 bemooste Lärchenzweige mit Zapfen (à 30 cm Länge)
2 Bund getrocknete Nigella-Samen-Kapseln am Stiel (à 20–25 cm Länge; Jungfer im Grünen)
2 Bund getrocknete Perlkörbchen „Sommerschnee" (à 15 cm Länge)
10 Zweige getrockneter weißer Strandflieder (à 15 cm Länge)
1 getrocknete Protea-Blüte (à 10 cm Länge)

SO GEHT ES:

Den Stickrahmen bereitlegen. Die Zweige und Trockenblumen als „Buffet" griffbereit auslegen. Mit den Lärchenzweigen beginnen. Dafür die Enden der Zweige fächerartig mit Draht nebeneinander auf dem oberen Drittel des Stickrahmens befestigen. Als zweite Schicht darauf in gleicher Weise die Nigella-Stiele festbinden. Zum Schluss das Arrangement mit Perlkörbchen und Strandflieder dekorativ abschließen. Die Protea-Blüte mittig feststecken. Den Kranz so aufhängen, dass die Blüten und Zweige nach unten zeigen.

TIPP: Der Stickrahmen lässt sich immer wieder neu mit Trockenblumen gestalten.

LUFTIGER ADVENTSKRANZ MIT BLÜTEN

Dieser Adventskranz strahlt so viel Leichtigkeit aus. Er ist mit seinen Trockenblumen und Samenständen eine Ode an den letzten Sommer im Garten. Über die Adventszeit hinaus lässt er sich auch ohne Kerzen zauberhaft dekorieren. Der Rohling aus Draht, den ich für diesen Kranz als Unterlage verwende, ist ideal zum kreativen Gestalten.

ES WERDEN BENÖTIGT
FÜR EINEN LIEGENDEN ADVENTSKRANZ (Ø CA. 35 CM):

1 Rechteck grün beschichteter Volierendraht (51 x 120 cm, 1 x 1 cm Maschenweite)
etwas Bindedraht
4 stabile Kerzenhalter zum Stecken (9 cm Stablänge)
1–2 Äste frische Arizona-Zypresse
½ Bund frischer Eukalyptus populus
4–8 kleine bemooste Lärchenzweige mit Zapfen
4–8 getrocknete Mohnkapseln
1 Bund pinkfarbene getrocknete Strohblumen
2 Bund getrocknete Nigella-Samen-Kapseln am Stiel (Jungfer im Grünen)
1 Bund getrockneter weißer Strandflieder
1 Bund getrocknete Perlkörbchen „Sommerschnee"

SO GEHT ES:

1 Den Volierendraht von der langen Seite zu einer ca. 8 cm dicken Rolle eindrehen und mit Bindedraht an einigen Stellen fixieren.

2 Die Rolle zu einem Kranz biegen. Die Enden über eine Länge von 10 cm etwas zusammendrücken (das eine Ende von oben, das andere von unten) und mit Bindedraht fixieren, den Drahtkranz ggf. gleichmäßig nachformen.

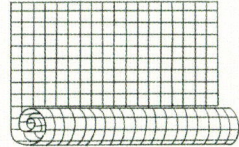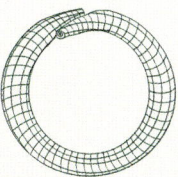

3 Die Kerzenhalter im gleichen Abstand in den Draht stecken und so verkanten, dass sie sich nicht mehr bewegen. Die Naturmaterialien mit 20 cm Stiellänge bereitlegen. Nun Arizonagrün, Eukalyptus, Lärchenzweige und Trockenblumen rundherum in den Draht stecken.

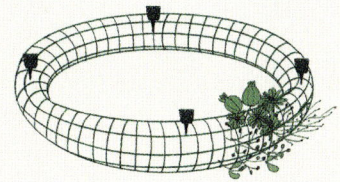

Kurz vor dem ersten Advent darf in jedes Zimmer ein Stück weihnachtlicher Zauber einziehen. Ob als kleines Stillleben oder als Girlande mit Goldtalern.

FESTLICHE GIRLANDE AUS GOLDTALERN

DIE KOMBINATION AUS SCHIMMERNDEN TALERN UND KLEINEN GRÜNEN ZWEIGEN ZAUBERT IM HANDUMDREHEN EINE WEIHNACHTLICHE ATMOSPHÄRE IN JEDEN RAUM. UND DAS SCHÖNSTE: BEIM PRÄGEN DER GOLDFOLIE KANN MAN WUNDERBAR ABSCHALTEN UND SICH ENTSPANNEN.

ES WERDEN BENÖTIGT:

Schutzunterlage (z.B. feste Pappe)
1 Blatt weißes Papier (DIN A4) für die Muster; Lineal, Zirkel, Bleistift, Bastelschere
Goldene Prägefolie (ein Set à 3 Blatt z. B. folia® Paper Bringmann; 18,5 x 29 cm)
Prägewerkzeug oder Holzspieß
Prickelnadel mit Filzunterlage oder Einlochzange (kleiner Lochdurchmesser)
Schnur zum Aufhängen der Girlande
1 Rolle goldenes, dünnes Garn
1 Gartenschere zum Schneiden der Zweige
kleine Zweige von Tanne, Mistel oder Ilex
1 Rolle goldener, feiner Draht

SO GEHT ES:

Den Arbeitstisch mit der Schutzunterlage auslegen. Auf das weiße Papier zwei Kreise (Ø ca. 5,5 cm und 8,5 cm) zeichnen und als Papiermuster ausschneiden. Die Muster auf die Goldfolie legen. Mit dem Prägewerkzeug die Ränder markieren und die Kreise ausschneiden. Bei einer Girlande von etwa 1,30 m werden 3–4 große, sowie 6–8 kleine Goldtaler verwendet.

Für die Gestaltung der Oberflächenstruktur die Taler jeweils auf die Pappe legen und mit dem Lineal zwei parallele Linien auf die Oberfläche prägen. An den Seiten zusätzliche diagonale Linien ziehen, sodass Rautenmuster entstehen. Im Mittelteil der Kreisflächen nach Belieben winterliche Motive, wie z.B. Tannen- oder Mistelzweige zeichnen (siehe Bild links).

TIPP: Das nadelähnliche Werkzeug nicht zu fest aufdrücken, damit es nicht durchdrückt und Löcher entstehen. Je schmaler die Spitzen des Prägewerkzeugs, desto feiner werden die Linien. Rundungen bzw. kugelförmige Spitzen sorgen für tiefere Einprägungen und Wölbungen.

Den fertigen Kreis auf die Filzunterlage legen und mit der Prickelnadel ein Loch zum Aufhängen stechen. Die Taler jeweils mit einem Stück Garn versehen, die Enden noch nicht verknoten. Das Grün zu kleinen Bündeln zusammenfassen und mit dem Draht fixieren. Eine Schnur oder einen Draht z.B. am Fenster spannen und die Goldtaler im Wechsel mit dem Grün daran aufhängen (siehe Bild S. 65).

KEKSE FÜR DEN WEIHNACHTSWALD

TIERE ZEICHNEN, SCHABLONEN SCHNEIDEN UND SCHON KANN DER FRÖHLICHE BACKNACHMITTAG MIT DEN KINDERN BEGINNEN.

ZUTATEN FÜR CA. 60 STÜCK (CA. 5 CM GRÖSSE):

150 g Butter
100 g heller Rohrohrzucker
150 ml Zuckerrübensirup
2 TL gemahlener Ceylon-Zimt
1 TL gemahlener Kardamom
¼ TL gemahlene Nelken
1 Prise Salz
1 Ei (Gr. L)
1 TL Natron
360 g Dinkelmehl, Type 630

FÜR DEN GUSS:
1 Eiweiß
120 g Puderzucker
2 TL Zitronensaft

Backpapier für das Backblech
etwas Dinkelmehl für die Arbeitsfläche

Die Butter zusammen mit dem Zucker, dem Sirup, den Gewürzen und dem Salz in einen Topf geben und bei milder Hitze unter Rühren schmelzen lassen. Den Topf vom Herd nehmen. Wenn die Mischung etwas abgekühlt ist, das Ei verquirlen und unterrühren. Die Masse in eine Rührschüssel füllen. Das Natron mit dem Mehl vermischen und mit einem Kochlöffel unter den Teig rühren. Zum Schluss den Teig noch kurz mit der Hand durchkneten und in einer geschlossenen Box über Nacht im Kühlschrank ruhen lassen.

Für die Schablonen beliebige Tiere auf Papier zeichnen und ausschneiden.

Am nächsten Tag den Backofen auf 160 °C (Umluft) vorheizen. Ein Backblech mit Backpapier auslegen.

Die Hälfte des Teiges auf einer leicht bemehlten Arbeitsfläche 5 mm dick ausrollen. Die Schablonen auflegen und mit einem kleinen spitzen Messer die Kekse ausschneiden. Mit dem restlichen Teig genauso verfahren. Die Plätzchen auf das Blech legen und im heißen Ofen 12–14 Minuten backen. Danach auf einem Gitter auskühlen lassen.

Für den Guss das Eiweiß steif schlagen, den Puderzucker und den Zitronensaft dazugeben. Mit einem feinen Pinsel die Tiere damit bemalen (siehe Bild links) und trocknen lassen.

ZWEI BÄREN

Zwei Bären gingen durch den Wald.
Dezember war's und bitterkalt.
Da sprach der eine Zottelbär:
„Oh weh, mich friert es heute sehr!"

Der andere sprach: „Mir ist noch warm.
Komm her, wir gehen Arm in Arm.
Wir gehen beide dicht an dicht,
dann spürst auch du die Kälte nicht."

Zwei Bären gingen durch den Wald,
Dezember war's und bitterkalt.

Bernhard Lins

MIT PAPIER, SCHERE UND ZWIRN

Von Hand gemacht

SCHÖNE UTENSILIEN

Die schmale Holzkiste mit Tragegriff führte im Hazelnut House lange ein Schattendasein. Sie wurde hierhin und dorthin, von einer Ecke zur nächsten gestellt. Nur wenn mal ein Knopf angenäht werden musste, kam sie hervor. Großmutters Nähkästchen, schon in seiner ganzen Anmutung hätte es gut als Requisite in die Literaturverfilmung von Jane Austen's Werk „Sense and Sensibility" gepasst: In die Szenerie des englischen Landlebens um 1800, zu Mrs. Dashwood und ihren Töchtern.

Das hölzerne Etui diente auch als Versteck für geheime Dinge. Bis heute sagen wir „aus dem Nähkästchen plaudern", wenn es darum geht, verborgenes Wissen zu teilen. Um es gleich vorwegzusagen, ich habe in Großmutters Schatulle keine geheime Botschaft gefunden. Aber ich habe dort etwas anderes für mich entdeckt: Die Langlebigkeit von besonderen Utensilien und die Freude am handwerklichen Arbeiten.

FINDEN UND WERTSCHÄTZEN

Begonnen hat es wohl beim Bummel über französische Flohmärkte. Ich fand Seidenripsbänder in den schönsten Farben, Garnrollen, hübsch bedruckte Papierschächtelchen, die mit Perlmuttknöpfen gefüllt waren, Lineale aus Buchenholz und dickwandige Tintengläser. Die Ästhetik und die Qualität dieser Fundstücke haben mich tief beeindruckt. Kaum nach Hause zurückgekehrt, schaute ich mir das Nähzubehör aus vergangener Zeit genauer an. Ob Maßband, Stickschere, Fingerhut, Nadelkissen oder die vielfältige Auswahl an Garnen, das Sortiment hätte nicht ansprechender sein können. Ich fand eine stabile, aber stumpfe Schere, die wie ein Küchenmesser in einem Fachbetrieb präzise nachgeschliffen werden kann – ein Glücksgriff!

NEUES AUSPROBIEREN

Und wenn wir gerade unterwegs sind, kurz vor Weihnachten, ist der Besuch in einer gut sortierten Papeterie ein besonderes Vergnügen. Nichts ist schöner, als die Weihnachtspost mit sepiafarbener Tinte auf feinem Papier von Hand zu schreiben. Immer wieder begegnet mir der Ausdruck „Slow Living", die Sehnsucht nach Entschleunigung, der Wunsch mehr Zeit für sich selbst zu haben. Sind die langen Winterabende nicht eine wunderbare Gelegenheit, solche Momente zu finden? Wie wäre es, das Sticken neu zu entdecken, sich beim Papierfalten zu entspannen und für den Weihnachtsbaum Schmuckstücke selbst zu basteln? Es muss nicht alles perfekt sein, es darf ausprobiert und variiert werden. Die Freude und die Begeisterung für das handwerkliche Gestalten stehen im Mittelpunkt.

*„In dulci jubilo,
nun singet und seid froh!"*

(Weihnachtslied, 14. Jh.)

WEIHNACHTLICHES STICKATELIER

MIT DEM STIELSTICH LASSEN SICH AUF EINFACHE WEISE ZAUBERHAFTE MOTIVE AUF FILZ UND STOFF STICKEN.

ES WERDEN BENÖTIGT:

feiner Filz- oder Leinenstoff
Stoffschere
1 Stickrahmen in der gewünschten Größe
Bleistift
Stickgarn oder Wolle in den Lieblingsfarben
passende spitze Sticknadel
kleine Stickschere
1 kleine Dose feine Glasperlen
Quiltgarn in der Farbe des Stoffes zum Aufnähen der Perlen
feine Perlnadel

SO GEHT ES:

Den Stoff zuschneiden, sodass er an jeder Seite mindestens 5 cm über dem Rahmen steht. Danach gleichmäßig in den Stickrahmen einspannen. Mit Bleistift die Konturen für das gewünschte Motiv zart aufzeichnen und mit dem Stielstich nachsticken.

ANLEITUNG FÜR DEN STIELSTICH:

1 Der Stielstich wird von links nach rechts gestickt! Zuerst mit der Nadel von unten durch den Stoff stechen. Die Nadel um eine Einheit (Stichlänge) nach rechts führen und von oben nach unten einstechen.

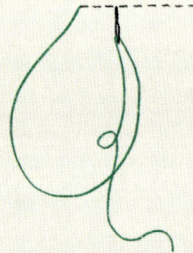

2 Den Faden nicht festziehen, sondern eine Schlaufe nach unten hängend lassen.

3 Die Nadel bei halber Stichlänge nach links (zurück) wieder nach oben durchstechen.

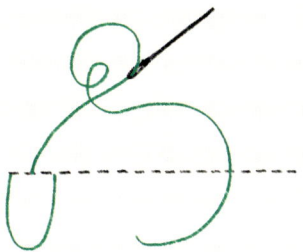

6 Das fertige Stickbild sieht aus wie ein gedrehtes Seil.

4 Nun die Schlaufe festziehen. Die Nadel erneut um eine Einheit nach rechts nach unten durchstechen und wiederum eine Schlaufe nach unten hängend lassen.

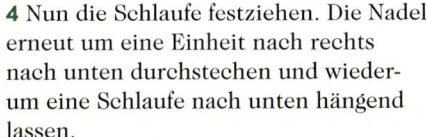

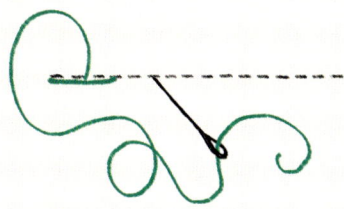

TIPP: Wenn die gestickten Tannenbäume und winterlichen Äste nach dem Sticken mit Perlen verziert werden, wirken sie noch stimmungsvoller. Wer mag, kann aus dem bestickten Stoff kleine Anhänger nähen oder das Stickbild einfach mit dem Stickrahmen aufhängen. Auch als Namensschild ist der Stickrahmen wunderschön.

5 Die Nadel erneut um eine halbe Stichlänge nach links von unten durchstechen. Die 2. Schlaufe festziehen und mit den weiteren Stichen so fortfahren, um die aufgetragenen Konturen nach zu sticken.

GOLDENER MISTELZWEIG

ZART UND PERLMUTTFARBEN SCHIMMERN DIE BEEREN DER MISTELN IM WINTER AN DEN ZWEIGEN. ES SIEHT SO AUS, ALS OB DIE NATUR DAS GRÜNE GEÄST MIT PERLEN VERZIERT. HIERVON INSPIRIERT, LASSEN SICH GLITZERNDE ANHÄNGER FÜR FENSTER, WEIHNACHTSBAUM ODER DIE FESTTAFEL ZAUBERN!

ES WERDEN BENÖTIGT:

Bleistift
Prägewerkzeug oder Holzspieß
Goldene Prägefolie (ein Set à 3 Blatt
z. B. folia® Paper Bringmann; 18,5 x 29 cm)
Festes helles Kartonpapier (DIN A4)
Bastelschere
Prickelnadel mit Filzunterlage oder Einlochzange (kleiner Lochdurchmesser)
1 Rolle goldener Floristendraht
Drahtzange
1 Dose transparente oder weiße Perlen

SO GEHT ES:

1 Zunächst Mistelblätter (Einzel- und Doppelblätter) in verschiedenen Größen und Formen mit einem Bleistift und dem Prägewerkzeug auf das Papier sowie die Metallfolie zeichnen und ausschneiden. Immer nur einen Bogen auf die Arbeitsunterlage legen, damit die Prägung nicht auf alle anderen Bögen durchdrückt. Mit der Prickelnadel oder einer feinen Einlochzange die Einzelblätter mit feinen Löchern versehen. Die Doppelblätter ohne Löcher lassen.

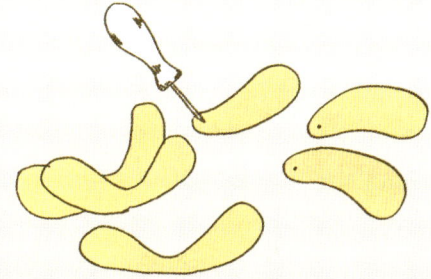

2 Ein Stück Draht abschneiden (15–20 cm lang) und dieses doppelt legen und verdrehen. Dabei oben zwei Finger breit Platz lassen, sodass eine Schlaufe entsteht. Nach ein paar Umdrehungen auf einen der beiden Drahtstränge eine Perle auffädeln und erneut mit dem Verdrehen beginnen. Damit die Perle nicht verrutscht, den gegenüberliegenden Strang ein paar Mal um die untere Seite der Perle drehen.

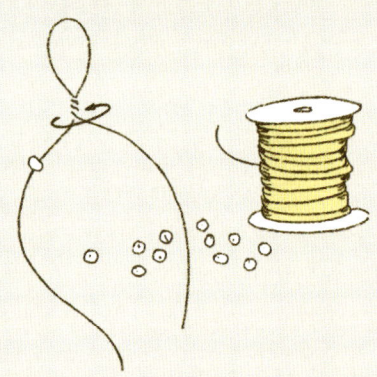

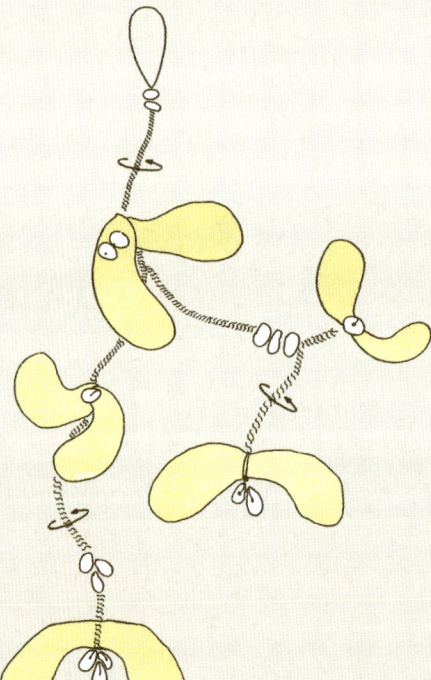

3 Die beiden Drahtstücke für ca. 5 cm verzwirbeln. Optisch entsteht so der Zweig einer Mistel, von dem die einzelnen Verästelungen abgehen. Dann Mistelblätter aus Papier und Goldfolie auffädeln und nach Belieben Perlen hinzufügen.

Den Zweig nach und nach wachsen lassen, indem weitere Abschnitte vom Golddraht angefügt und verzwirbelt werden. Die neuen Drahtabschnitte können unterschiedliche Längen haben, sodass der Mistelzweig Struktur bekommt.

Zwischen den Abzweigungen Perlen anknoten und gegebenenfalls mit kleinen Drahtabschnitten fixieren. Hierfür diese Abschnitte um die Perlen wickeln. An den Enden die Doppelblätter durch Umwickeln mit dem Draht fixieren.

CHRISTBAUMKUGELN AUS PAPIERSTREIFEN

DER CHRISTBAUMSCHMUCK WIRD IN VIELEN FAMILIEN VON GENERATION ZU GENERATION WEITERGEGEBEN. MIT DER ZEIT GESELLEN SICH MEIST ABER AUCH NEUE SCHÄTZE DAZU. AUS TAPETE ODER DESIGNPAPIER LASSEN SICH ZUM BEISPIEL FÄCHERÄHNLICHE KUGELN ZAUBERN. DAS AUSEINANDERDREHEN DER STREIFEN SORGT FÜR EINEN WUNDERSCHÖNEN DURCHSCHIMMERNDEN EFFEKT.

ES WERDEN BENÖTIGT:

1 Stück Tapete oder Papier (15 x 15 cm; am besten beidseitig bedruckt für einen besonderen Effekt)
Bastelschere oder Papierschneidemaschine
2 Kreise aus Papier (Ø 2,5 cm)
Bleistift
Lineal
Einlochzange (kleiner Lochdurchmesser)
Schnur oder Garn
2 Holz- oder andere Perlen

SO GEHT ES:

1 Die Tapete oder das Papier mit einer Schere oder Papierschneidemaschine in 10 Streifen (je 1,5 cm breit) schneiden. Bei allen Streifen jeweils oben und unten mit der Einlochzange ein kleines Loch stanzen (ca. 5 mm vom Rand). Bei den Papierkreisen mit der Einlochzange in die Mitte ein Loch setzen.

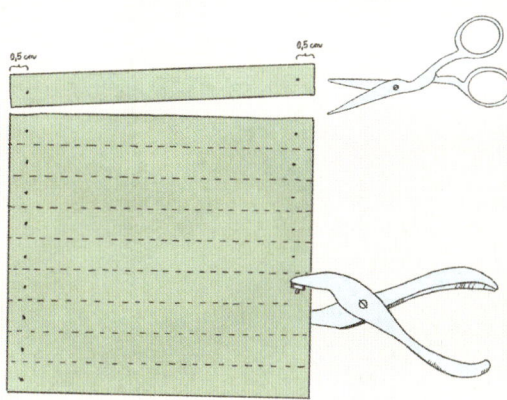

MIT PAPIER, SCHERE UND ZWIRN

2 Von der Schnur so viel Länge abschneiden, wie die Kugel später daran herunterhängen soll. Ein Ende verknoten und mit dem anderen Schnurende eine Perle auffädeln. Als nächstes einen Papierkreis mit der bedruckten Seite zur Perle auffädeln. Nun mit der Schnur alle einzelnen Papierstreifen von außen (bedruckte Seite) nach innen auffädeln. Jetzt die Tapetenstreifen am anderen Ende von der Innenseite nach außen auffädeln und mit einem Kreis und einer Perle abschließen.

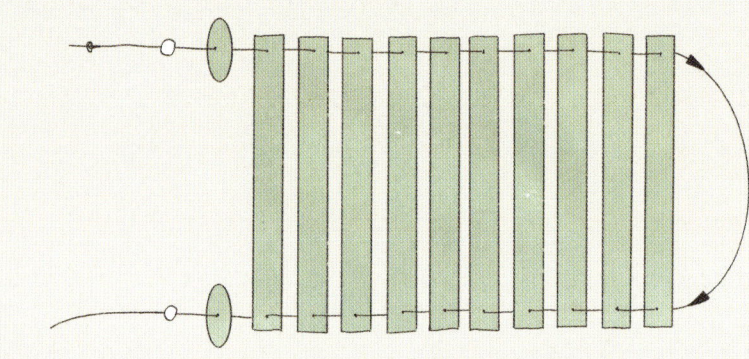

3 Die Papierstreifen liegen nun gestapelt übereinander. Die Form des Baumschmucks kann durch die Krümmung der Streifen bestimmt werden. Je stärker die Wölbung, desto flacher und gleichzeitig breiter wird die Kugel. Je weiter die Enden der Streifen voneinander entfernt sind und je länger damit der Faden zwischen den Papierenden, desto höher wird der Christbaumschmuck. Die Form wird abschließend durch einen weiteren Knoten oberhalb der Perle fixiert. Nun die Papierstreifen vorsichtig auffächern und damit die Lücken zwischen den einzelnen Streifen bestimmen.

TIPP: Damit die Schnur beim Auffädeln nicht ausfranst, wird das Ende mit einem Stück Klebefolie umwickelt.

STERNENGLANZ

DER GLANZ VON LUFTIG LEICHTEN STERNEN ERZÄHLT IN DER VORWEIH-NACHTLICHEN ZEIT VON STERNENKLAREN NÄCHTEN UND WINTER-TRÄUMEN. ES GIBT WOHL KAUM EIN SYMBOL, DAS SEIT JEHER SO SEHR MIT WEIHNACHTEN IN VERBINDUNG GEBRACHT WIRD, WIE DER STERN.

ES WERDEN BENÖTIGT:

Butterbrottüten
(Empfehlung: B x H x T: 12,5 x 20,5 x 6 cm, Anzahl je nach Sterntyp)
Bleistift
Lineal
Bastelschere
Klebestift
1 Blatt festes Papier in der Farbe der Tüten (DIN A4)
schwerer Gegenstand oder Büroklammern
Einlochzange oder Locher
transparentes Klebeband
Schnur oder Band zum Aufhängen

In dieser Anleitung werden drei Sternvariationen vorgestellt: Hazelnut House-, Rosetten- und Sternanis-Stern. Die jeweiligen Schablonen können unter folgendem Link heruntergeladen und ausgedruckt werden:
www.hazelnut-house.com/books/wintergrün-und-sternanis

SO GEHT ES:

1 Die Anzahl an benötigten Tüten für die jeweilige Sternvorlage mit der Öffnung nach oben bereitlegen. Die Schablone aus der Beilage ggf. auf die Größe der Butterbrottüten anpassen und aus-schneiden.
Das Schablonenmuster auf alle Tüten übertragen und jede einzeln exakt aus-schneiden, damit die Zuschnitte genau aufeinander passen.

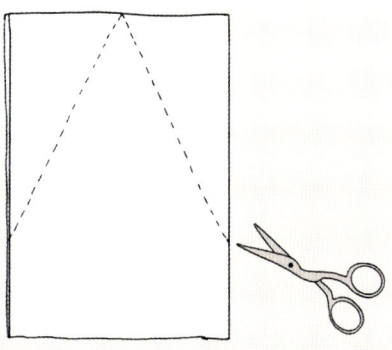

MIT PAPIER, SCHERE UND ZWIRN

2 Auf die Oberseite der ersten Tüte entlang der gestrichelten senkrechten Linie und von der Unterkante bis zur waagerechten Linie (siehe jeweilige Vorlage) mit dem Klebestift Kleber aufbringen. Nun die nächste Tüte auf die erste Tüte legen und auf dem Kleber festdrücken. Die neue Oberseite ebenfalls an den gleichen Stellen mit Kleber bestreichen. Die dritte Tüte aufkleben und mit den anderen Tüten weiter so fortfahren.

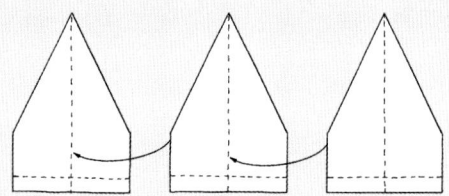

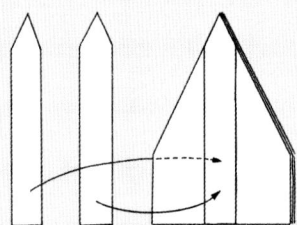

3 Die Vorlage des Stabilisierungsstreifens zweimal auf das Papier übertragen und ausschneiden. Jeweils einen Streifen in die Mitte auf die oberste sowie die untererste Tüte des Stapels kleben. Die gepunktete Linie auf der Sternvorlage zeigt, in welcher Position der Streifen aufgeklebt wird. Die Tüten noch einmal fest aufeinanderdrücken und ggf. für ein paar Stunden mit einem Buch beschweren oder mit Büroklammern fixieren.

4 Die Tüten vorsichtig auseinanderfalten und sich an dem magischen Überraschungsmoment erfreuen! Die Enden der Tüten, beziehungsweise Spitzen der Sterne, zusammenbringen und mit der Einlochzange oder einem Locher ein Loch zum Aufhängen stanzen. Mit dem Klebeband die offenen Enden des Sterns an den Seiten fixieren, sodass die beiden aufeinanderstoßenden Stabilisierungsstreifen innenliegend nicht mehr zu sehen sind. Eine Schnur oder ein Band durch das Loch fädeln und den luftigen Papierstern aufhängen.

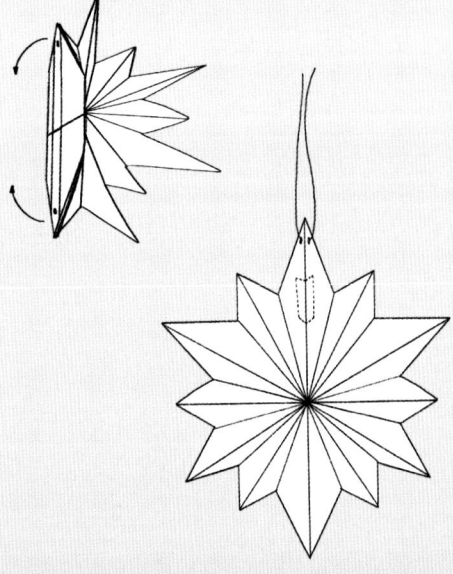

ZARTER GOLDKRANZ

Für diesen filigranen Kranz werden Blätter aus Goldprägefolie ausgeschnitten, an einem goldenen Draht befestigt und zu einem Kreis geschlossen.

PILZE AUS SAMT

ES WERDEN BENÖTIGT:

GROSSER PILZ:

FÜR DEN FUSS:
1 Stück cremeweißer Filz (10 x 7 cm)
cremeweises Quiltinggarn
spitze Sticknadel

FÜR DEN KOPF:
1 Kreis aus weinrotem oder leuchtend rotem Samtstoff (Ø 15 cm)
weinrotes oder leuchtend rotes Quiltinggarn
15–20 Wattebällchen
1 Kreis aus cremeweißem Filz (Ø 7 cm)
20 Renaissance Glaswachsperlen (Ø 4 mm)
Perlnadel
Stickgarn im Rot des Samtstoffes zum Aufhängen

KLEINER PILZ:

FÜR DEN FUSS:
1 Stück cremeweißer Filz (10 x 4,5 cm)
cremeweißes Quiltinggarn
spitze Sticknadel

FÜR DEN KOPF:
1 Kreis aus weinrotem oder leuchtend rotem Samtstoff (Ø 10 cm)
weinrotes oder leuchtend rotes Quiltinggarn
8–10 Wattebällchen
1 Kreis aus cremeweißem Filz (Ø 7 cm)
15 Renaissance Glaswachsperlen (Ø 4 mm)
Perlnadel
Stickgarn im Rot des Samtstoffes zum Aufhängen

SO GEHT ES:

1 Für den Fuß das Filzrechteck von der kurzen Seite her fest zusammenrollen. Das Ende mit dem Garn in kleinen Stichen festnähen.

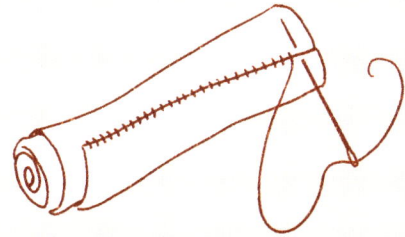

2 Für den Kopf den Samtstoff mit dem dazu passenden Garn mit einem Heftstich einmal umranden, ohne die Fadenenden am Stoff zu fixieren.

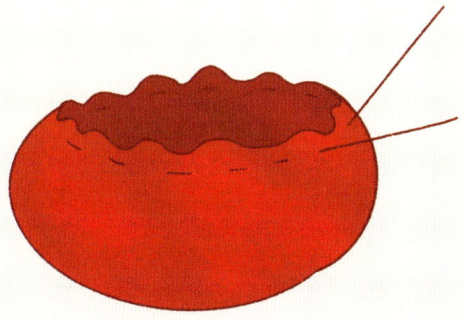

3 In die Stoffmitte die Wattebällchen füllen und die beiden Fadenenden festziehen. Nun den Stoff in der Mitte fest vernähen, so dass das Kissen verschlossen ist. Auf die zusammengenähte Unterseite den weißen Filzkreis legen und rundherum mit dem Faden im Rot des Samtstoffes auf dem Kissen festnähen.

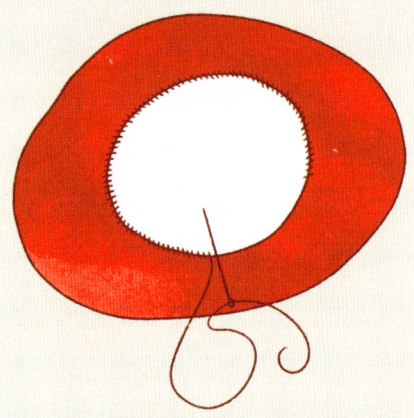

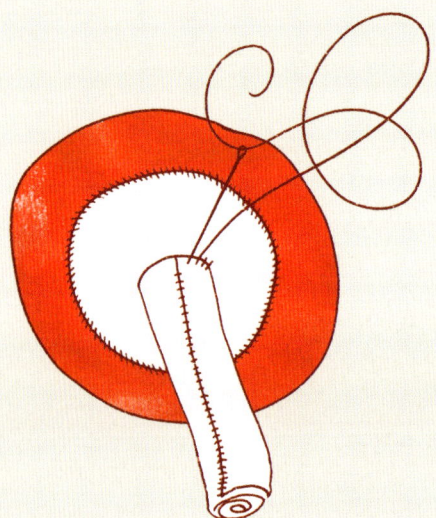

4 Nun mit dem cremeweißen Quiltinggarn und einer spitzen Sticknadel den Stiel mittig auf dem weißen Filz unter dem Pilz festnähen.

5 Mit einer Perlnadel werden nun die Glaswachsperlen mit dem Faden in der Farbe des Samtstoffes auf der Pilzoberseite festgenäht. Zum Schluss rotes Stickgarn in der Mitte des Pilzes zum Aufhängen einmal durch den Samtstoff ziehen.

TRADITIONELLE WATTEPILZE AUS THÜRINGEN

VON FLIEGENPILZEN UND VÖGELN AUS GLAS

Wenn wir kurz vor dem Fest die Schachteln mit dem Christbaumschmuck vom Dachboden holen und die einzelnen Stücke aus dem Seidenpapier wickeln, ist es gerade so, als würden wir in einem Buch mit vielen wunderbaren Geschichten blättern. Und diese Geschichten erzählen wir uns beim gemeinsamen Schmücken des Weihnachtsbaums immer wieder auf sehr ähnliche Weise, das gehört zum Ritual. Meist debattieren wir höchst amüsiert darüber, wer welchen Engel vor langer Zeit etwa im Kindergarten oder in der Schule gebastelt haben könnte. Oder wir sprechen von fernen Großtanten und Großonkeln, die dieses oder jenes Teil ganz bestimmt als Souvenir einer Winterreise mitgebracht haben.

Vielleicht aus dem Thüringischen? Die rot lackierten Pilze aus Zellstoffwatte stammen sicher von dort. Seit über hundert Jahren wurden sie in liebevoller Handarbeit in einem Familienbetrieb in Lichte hergestellt. Der schöne und giftige Fliegenpilz aus dem Wald gilt als Symbol des Glücks. Als weihnachtlicher Schmuck hat er eine lange Tradition in der festlichen Zeit.

SCHMUCKSTÜCKE MIT TRADITION

„Und was denn noch, Frau Tannenkönigin?" fragt Christian Morgenstern in seinem Gedicht den Baum, der im Zimmer „aufgeputzt", also geschmückt, werden soll. Wie wäre es mit weiteren Motiven aus dem Wald? Vielleicht schimmernde Zapfen, goldene Nüsse und allerschönste Vögel aus Glas, die sich auf die Zweige stecken lassen? Der frühe Biedermeier gab den entscheidenden Impuls für die Herstellung von Christbaumschmuck aus mundgeblasenem Glas. Vor allem die Glasbläser aus dem thüringischen Lauscha wurden durch ihre Handwerkskunst weltweit geschätzt. Bis heute wird dort nach überlieferter Tradition Baumschmuck von höchster Qualität hergestellt.

Neben Glas, Papier, Watte, Wachs und Stroh ist vor allem Holz als Werkstoff bei der weihnachtlichen Schmuckproduktion von Bedeutung. Was wären die Weihnachtsmärkte ohne ihr Sortiment an Engeln und Miniaturspielzeug aus dem Erzgebirge? Die gedrechselten und handbemalten Figuren sind so präzise und kunstvoll gearbeitet, dass sie uns viele Feste begleiten können.

ALLE JAHRE WIEDER

Inzwischen haben wir alle Spanschachteln im großen Kaminzimmer von Hazelnut House ausgepackt. Die herrlich duftenden Zweige der stattlichen Blaufichte sind nun reichlich bestückt. Neu hinzugekommen sind in diesem Jahr die selbstgenähten Pilze aus Samt und die filigranen Kugeln aus Papier. Voller Bewunderung betrachten wir unseren Baum von allen Seiten. Prächtig, überaus prächtig, Frau Tannenkönigin!

HIGH TEA
VOR DEM KAMIN

Zur Ruhe
kommen

MARONENSUPPE

MEINE LIEBLINGSSUPPE FÜR KALTE WINTERTAGE!

ZUTATEN
FÜR 6 PERSONEN:

1 Zwiebel
500 g vakuumverpackte Maronen
3 EL frische Thymianblättchen
40 g Butter
600 ml Hühnerbrühe
120 ml Sahne
150 ml Milch
Meersalz
Pfeffer aus der Mühle
Piment d'Espelette
1 großer Apfel
2 EL Olivenöl

Die Zwiebel schälen und fein würfeln. Die Maronen ebenfalls fein würfeln, 4 EL Maronen und 1 EL Thymianblättchen beiseitestellen. Die Butter in einem gusseisernen Topf erhitzen, die Zwiebeln, die restlichen Maronen und Thymianblättchen darin andünsten und 5 Minuten bei milder Hitze schmoren lassen. Mit der Hühnerbrühe und der Sahne ablöschen und 15 Minuten zugedeckt bei milder Hitze köcheln.

Die Suppe mit dem Stabmixer pürieren. Währenddessen die Milch untermixen. Die Suppe nochmals kurz aufkochen lassen und mit etwas Salz, Pfeffer und Piment d'Espelette abschmecken.

Den Apfel waschen, vierteln, entkernen und die Viertel nach Belieben in Sternenform ausstechen oder in feine Würfel schneiden. Das Olivenöl in einer Pfanne erhitzen. Die Apfelwürfel zusammen mit den beiseitegestellten Maronen und Thymianblättchen darin kurz anbraten und mit Salz und Piment d'Espelette würzen.

Die Maronensuppe nochmal durchmixen, in vorgewärmte tiefe Teller geben und mit der Maronen-Apfelmischung dekorieren.

TIPP: Das Maronen-Apfel-Brot (siehe S. 102) schmeckt dazu sehr köstlich.

MARONEN-APFEL-BROT

DAS BROT SCHMECKT KÖSTLICH ZUR MARONENSUPPE, ABER AUCH MIT ZIEGENFRISCHKÄSE BESTRICHEN IST ES EIN GENUSS.

ZUTATEN FÜR 2 BROTE:

400 ml Cidre
30 g heller Rohrohrzucker
12 g frische Hefe
1 großer Apfel (z.B. Boskoop)
300 g vakuumverpackte Maronen
300 g Dinkelmehl, Type 1050
150 g Dinkelvollkornmehl, vorzugsweise frisch gemahlen
120 g Roggenmehl, Type 1150
13 g Salz

ZUM BESTÄUBEN:
etwas Dinkelmehl

Backpapier für zwei Backbleche
etwas Mehl für die Arbeitsfläche

Den Cidre zusammen mit dem Zucker leicht erwärmen und die Hefe darin auflösen. Den Apfel schälen und entkernen. Den Apfel und die Maronen klein würfeln, mit den Mehlen und dem Salz vermischen. Die Cidre-Hefe-Mischung zugeben und alles ca. 3 Minuten mit den Knethaken des Handrührgeräts verkneten. Die Schüssel mit Frischhaltefolie luftdicht verschließen und 15 Minuten zimmerwarm ruhen lassen.

Den Teig 4x mit einer Teigkarte falten (von oben nach unten, von rechts nach links, von unten nach oben und von links nach rechts). Den Teig 15 Minuten unter der Folie ruhen lassen. Den Teig 4x falten, 20 Minuten unter der Folie ruhen lassen. Den Teig 4x falten und 1 Stunde mit einem Küchentuch abgedeckt aufgehen lassen. Zwei Backbleche mit Backpapier belegen. Den Teig auf eine leicht bemehlte Arbeitsfläche geben, mit den Händen kneten, halbieren, die Hälften zu Kugeln formen und auf die Backbleche legen.

Mit einem Kochlöffelstiel in die Teigmitten jeweils ein Loch bohren und dieses auf 7–8 cm vergrößern, sodass ein Kranz entsteht. Die Teigkränze mit der Folie abdecken und 45–60 Minuten aufgehen lassen. Inzwischen den Backofen auf 230 °C (Umluft) vorheizen. Eine kleine mit Wasser befüllte Auflaufform auf den Ofenboden stellen.

Die Kränze leicht mit Mehl bestäuben und die Oberfläche nach Belieben dekorativ einritzen. Im heißen Ofen 10 Minuten backen, dann die Temperatur auf 190 °C reduzieren. Die Backofentür einmal kurz öffnen und weitere 20 Minuten backen. Danach die Brote auf einem Kuchengitter abkühlen lassen.

HÜHNERBRÜHE

EIN GUTE HÜHNERBRÜHE IST EINE PERFEKTE BASIS FÜR WINTERLICHE SUPPEN. UND NICHT ZU VERGESSEN: BEI ERKÄLTUNG EINE WOHLTAT!

ZUTATEN

1 große Zwiebel
1 Tomate
1 Karotte
1 Stange Lauch
1 kleine Sellerieknolle
1 Suppenhuhn, küchenfertig
2 EL feines Meersalz
je 1 Sträußchen frischer Thymian und Petersilie
1 Lorbeerblatt
etwas Liebstöckel
10 schwarze Pfefferkörner

Die Zwiebel mit der Schale halbieren und in einem gusseisernen Topf ohne Fett auf den Schnittflächen dunkel anrösten, herausnehmen und beiseitestellen.

Das Gemüse waschen und klein schneiden. Das Huhn abwaschen, in den gleichen Topf legen und den Topf mit Wasser auffüllen, sodass das Huhn ganz bedeckt ist. Das Salz zugeben und alles aufkochen. Wenn das Wasser kocht, die Hitze reduzieren und in den ersten 15 Minuten immer wieder den Schaum abschöpfen. Das kleingeschnittene Gemüse, die angeröstete Zwiebel, die Kräuter – zu Sträußchen gebunden –, das Lorbeerblatt, den Liebstöckel und die Pfefferkörner zugeben. Die Brühe 3 Stunden leicht köcheln lassen.

Das Huhn herausnehmen und anderweitig verwenden. Die Brühe durch ein feines Sieb geben und schließlich durch ein Mulltuch.

TIPP: Die Brühe hält sich verschlossen im Kühlschrank 4–5 Tage, ggf. portionsweise einfrieren.

GERÄUCHERTE FORELLE AUF FEINEN LINSEN

DAS RAUCHAROMA IN KOMBINATION MIT DEN BERGLINSEN IST EINFACH SENSATIONELL.

ZUTATEN FÜR 6 PERSONEN:

200 g Berglinsen
450 ml Wasser
1 kleines Lorbeerblatt
1 Schalotte (ca. 50 g)
1 Stück Lauch (weißes Ende; ca. 50 g)
150 g Karotten
35 g Butter
250 ml Gemüsebrühe
Salz
Pfeffer aus der Mühle
1 TL gemahlener Kreuzkümmel
2 EL roter Balsamico
1 TL Honig

FÜR DIE SAUCE:
25 g Rohrohrzucker
250 ml Rotwein
1 EL roter Balsamico
1 EL Honig
1 Prise Salz

3 geräucherte Forellenfilets

Die Linsen in einem Sieb unter fließendem Wasser abspülen und abtropfen lassen. Danach mit dem Wasser und dem Lorbeerblatt in einen Topf geben und bei milder Hitze 35 Minuten garen.

In der Zwischenzeit die Schalotte schälen und sehr fein würfeln. Den Lauch und die Karotten waschen und putzen, die Karotten ggf. schälen. Lauch und Karotten zuerst in dünne Streifen und danach in sehr kleine Würfel schneiden. Die gegarten Linsen in ein Sieb abgießen, das Lorbeerblatt entfernen und die Linsen mit kaltem Wasser kurz abbrausen.

In einer großen Pfanne 25 g Butter erhitzen. Die Schalotten darin glasig dünsten. Das Gemüse und die Linsen dazugeben und anschließend mit der Brühe ablöschen. Mit 1 kräftigen Prise Salz, Pfeffer, Kreuzkümmel, 1 EL Balsamico und Honig verfeinern und 30 Minuten bei milder Hitze köcheln lassen. Danach noch einmal mit Salz und 1 EL Balsamico abschmecken, die restliche Butter unterziehen.

Während das Linsengemüse gart für die Sauce den Zucker und 1 EL Rotwein in einen kleinen Topf geben und karamellisieren lassen. Mit dem restlichen Rotwein und dem Balsamico ablöschen und ca. 15 Minuten reduzieren lassen. Mit dem Honig und dem Salz abschmecken.

Die Linsen auf kleine Teller geben, jeweils mit einem Stück Forelle belegen und mit der Sauce dekorativ beträufeln.

SCHOKOLADENTÖRTCHEN

NOCH GANZ LEICHT WARM, MIT EIN WENIG SAHNE SERVIERT, ZAUBERT DIESES TÖRTCHEN EIN LÄCHELN AUF JEDES GESICHT.

ZUTATEN FÜR EINE SPRINGFORM (Ø 20 CM):

200 g dunkle Kuvertüre (70 % Kakaoanteil)
100 g weiche Butter (Zimmertemperatur)
125 g heller Rohrohrzucker
1 Prise Salz
3 Eigelb
60 g Dinkelmehl, Type 630
3 Eiweiß

ZUM BESTÄUBEN:
etwas Puderzucker

etwas Butter und Backpapier für die Form

Den Backofen auf 170 °C (Umluft) vorheizen. Die Springform leicht fetten und mit Backpapier auslegen.

Die Schokolade in kleine Stückchen hacken, in eine Schüssel geben und über einem heißen Wasserbad schmelzen lassen.

Für den Teig die Butter, den Zucker und das Salz mit der Küchenmaschine oder den Quirlen des Handrührgeräts zu einer weißen Creme aufschlagen. Die Eigelbe nach und nach dazugeben. Die geschmolzene Schokolade hinzufügen und unterrühren. Das Mehl sieben und nur ganz kurz unter die Teigmasse rühren. Das Eiweiß sehr steif schlagen und mit einem Spatel locker unter die Masse heben. Den Teig in die Form füllen und im heißen Ofen 30–35 Minuten backen.

Das Törtchen aus der Form lösen und mit etwas Puderzucker bestäuben.

TIPP: Sehr festlich sieht es aus, wenn vor dem Bestäuben eine Schablone oder ein beliebiges Blatt aufgelegt wird.

ZWEIERLEI FESTLICHE TARTELETTES

DARF ES BIRNE SEIN ODER LIEBER KÜRBIS? AM LIEBSTEN BEIDES! DIESE PIKANTEN TÖRTCHEN SERVIERE ICH GERN, WENN WIR NACH DEM GEMEINSAMEN KRANZBINDEN NOCH VOR DEM KAMIN ZUSAMMENSITZEN.

ZUTATEN
FÜR CA. 30 STÜCK:

FÜR DEN TEIG:
250 g Dinkelmehl, Type 630
5 g Meersalz
125 g kalte Butter
1 Eigelb

FÜR DEN BELAG:
länglicher Teil von 1 Butternutkürbis (ca. 370 g)
1 Knoblauchzehe
3 EL Olivenöl
3 EL Ahornsirup
Fleur de Sel
2 große rote Zwiebeln
100 g Ziegenfrischkäse
1 große Birne (z.B. Conference)

ZUM VERZIEREN:
40 g Feta-Käse
ein kleines Bund Thymian

Backpapier für die Backbleche
etwas Dinkelmehl für die Arbeitsfläche

Für den Teig alle Zutaten mit der Hand zu einem glatten Teig verkneten. 30 Minuten abgedeckt kühl stellen. Den Backofen auf 200 °C (Umluft) vorheizen. Zwei Backbleche mit Backpapier auslegen.

Für den Belag den Kürbis schälen und in ca. 5 mm dicke Scheiben schneiden. Den Knoblauch schälen und reiben. Den Knoblauch, das Öl, den Sirup und 1 kräftige Prise Salz vermengen. Den Kürbis kurz darin marinieren und jeweils zwei Scheiben auf einem Backblech stapeln. 20 Minuten im heißen Backofen rösten. Die Zwiebeln schälen, in ca. 5 mm dicke Scheiben schneiden, in der Marinade wenden. Auf dem zweiten Blech verteilen. Den Kürbis aus dem Ofen nehmen, die Zwiebeln 20 Minuten im Ofen rösten.

Inzwischen den Teig auf einer leicht bemehlten Arbeitsfläche 3 mm dick ausrollen, ca. 30 Kreise (Ø 6 cm) ausstechen. Je eine Zwiebelscheibe auf einen Kürbisstapel legen und mit einem Teigkreis bedecken. Die Törtchen 20 Minuten im Ofen backen, wenden und mit der gebackenen Teigseite nach unten auf einen Teller legen. Die Oberseite mit Feta-Krümeln und Thymian verzieren. Die restlichen Teigkreise auf einem Blech verteilen und mit dem Ziegenfrischkäse bestreichen. Die Birne waschen, in 3 mm dicke Scheiben schneiden und in der restlichen Marinade wenden. Jeweils eine Birnenscheibe auf den Ziegenfrischkäse legen. Die Birnentartelettes 20 Minuten backen. Tartelettes noch leicht warm servieren.

ROSIGES APFELTÖRTCHEN

DAS APFELMUS IM TEIG IST SEIN GEHEIMNIS!

ZUTATEN FÜR EINE SPRINGFORM (Ø 20 CM):

120 g brauner Rohrohrzucker
1 Ei (Gr. L)
1 TL gemahlener Ceylon-Zimt
1 Prise Salz
120 g neutrales Öl
250 g Apfelmus
160 g Dinkelmehl, Type 630
1 TL Backpulver
½ TL Natron
2–3 kleine rotfleischige Äpfel (z.B. Roter Mond)
Saft von ½ Zitrone
100 ml Sahne
130 g Mascarpone
25 g Puderzucker
½ TL gemahlener Ceylon-Zimt
1 Prise Kardamom

ZUM BESTÄUBEN:
etwas Puderzucker

Backpapier und etwas Öl für die Form

Den Boden der Springform mit Backpapier auskleiden. Den Rand mit einer dünnen Schicht Öl einfetten. Den Backofen auf 180 °C (Umluft) vorheizen.

Den Zucker, das Ei, den Zimt und das Salz mit der Küchenmaschine oder mit dem Handmixer zu einer hellen schaumigen Masse schlagen. Unter Rühren das Öl in einem feinen Strahl dazu gießen. Anschließend das Apfelmus untermengen.

Das Mehl, das Backpulver und das Natron in einer Schüssel vermengen und kurz und schnell unter die Masse rühren. Den Teig in die Springform füllen und glattstreichen.

Die Äpfel waschen und mit einem scharfen Messer quer in 2 mm dünne Scheiben schneiden, sodass in der Mitte eine Sternform zu sehen ist. Die Apfelscheiben von beiden Seiten mit dem Zitronensaft bepinseln und fächerartig auf der gesamten Teigoberfläche verteilen. Den Kuchen auf der mittleren Schiene 50 Minuten im heißen Ofen backen. Danach auskühlen lassen.

Die Sahne steif schlagen. In einer anderen Schüssel den Mascarpone mit dem Puderzucker und den Gewürzen glattrühren. Zum Schluss die Sahne unterheben. Den Kuchen aus der Form lösen und mit einem scharfen Messer horizontal in drei gleiche Teile schneiden. Den unteren Boden mit der Hälfte der Mascarponecreme bestreichen und mit dem mittleren Boden belegen. Diesen ebenfalls mit Mascarponecreme bestreichen und mit dem Deckel belegen. Mit Puderzucker bestäuben.

ENTSPANNTE TAFELRUNDE

Zu Tisch mit

lieben Gästen

BIRNEN-ZIMT-COCKTAIL

EIN FRUCHTIG-WÜRZIGER COCKTAIL, DER BESONDERS GUT IN DIE WEIHNACHTLICHE ZEIT PASST.

ZUTATEN
FÜR 6 GLÄSER
(À 120 ML):

FÜR DEN ZIMTSIRUP:
100 g Zucker
100 ml Wasser
2–3 Stangen Ceylon-Zimt

FÜR DEN COCKTAIL:
100 ml Lillet (französischer, klassischer Weinaperitif)
100 ml Birnensaft
70 ml Zimtsirup (s. oben)
50 ml Zitronensaft, frisch gepresst
Eiswürfel
1 kleine Birne
100 ml Tonic Water
300 ml Crémant oder Prosecco

Für den Sirup den Zucker mit dem Wasser und den Zimtstangen in einen kleinen Kochtopf geben, aufkochen und in 30 Minuten bei milder Hitze auf ca. die Hälfte einkochen lassen. Anschließend den Sirup vollständig auskühlen lassen.

Für den Cocktail den Lillet, den Birnensaft, den Zimtsirup und den Zitronensaft vermischen. 2–3 Eiswürfel in jedes Glas geben und die Lillet-Mischung einfüllen.

Die Birne waschen und in dünne Scheiben schneiden. Die Scheiben einschneiden und je eine auf jeden Glasrand stecken. Mit Tonic Water und Crémant oder Prosecco auffüllen und sofort servieren.

FEINES KÄSEGEBÄCK ZUM APERITIF

GANZ FRISCH AUS DEM OFEN, MIT MOHN UND SESAM BESTREUT, IST DIESES KNUSPRIGE GEBÄCK IMMER EIN FAVORIT BEI DEN GÄSTEN!

ZUTATEN FÜR CA. 60 STÜCK:

2 Eigelb
130 g Dinkelmehl, Type 630
90 g kalte Butter (in kleinen Würfeln)
150 g frisch geriebener Gruyère
1 Prise Fleur de Sel
1 Prise Cayenne-Pfeffer
Pfeffer aus der Mühle

ZUM BESTREUEN:
etwas Sesam und/oder Mohn

etwas Dinkelmehl für die Arbeitsfläche
Tannenbaumausstechform (4 cm lang)
Backpapier für das Backblech

Für den Teig 1 Eigelb zusammen mit den übrigen Zutaten in eine Schüssel geben und mit den Händen oder den Knethaken eines Handrührgeräts rasch zu einem glatten Teig verkneten. Den Teig zu einer Kugel formen und in einer Frischhaltebox mit Deckel ca. 1 Stunde im Kühlschrank ruhen lassen.

Den Teig auf einer bemehlten Arbeitsfläche ca. 5 mm dick ausrollen. Anschließend kleine Tannenbäumchen ausstechen, auf ein mit Backpapier ausgelegtes Backblech legen und weitere 30 Minuten im Kühlschrank ruhen lassen (ein kleines Blech verwenden, das in den Kühlschrank passt).

Den Backofen auf 180 °C (Umluft) vorheizen. Das zweite Eigelb verquirlen, die Bäumchen damit bestreichen und mit dem Sesam oder Mohn bestreuen. Das Gebäck im heißen Ofen auf der mittleren Schiene in 10–15 Minuten goldbraun backen.

Die Käsebäumchen aus dem Ofen nehmen und abkühlen lassen. Luftdicht in einer Dose gelagert halten sie sich mehrere Wochen. Zum Servieren sollten sie nochmals leicht im Ofen erwärmt werden.

Ein winterliches Arrangement für das Weihnachtszimmer aus Trockenblumen, Gräsern, Zweigen und Christrosen.

EINE GIRLANDE VOM LANDE

OH, WELCH FESTLICHE EINSTIMMUNG AUF WEIHNACHTEN! EINE SELBST-
GEBUNDENE GIRLANDE FÜR DAS TREPPENGELÄNDER, ÜBER DER TÜR ODER
DEM KAMIN ZIEHT BLICKE AUF SICH. UND SOGAR DEM SERVIERWAGEN
AUS MESSING STEHT DAS GRÜNE BAND GUT ZU GESICHT.

ES WERDEN BENÖTIGT:

1 gemischtes Bund immergrüne Zweige
(reicht ca. für 1 Meter Girlande)
Tipp: Eukalyptus, Buchs und Arizona-
Zypresse trocknen schön ein, sodass die
Girlande lange grün bleibt. Tannengrün
verliert schneller seine Nadeln. Für die
Girlande um das Tablett eignen sich Buchs
und Eukalyptus nicoli besonders gut.
Gartenschere
1 Juteseil in der benötigten Länge
(z.B. für ein Geländer) plus ca. 40 cm
Seillänge für die Enden zum Befestigen
1 Rolle Bindedraht
7–8 getrocknete Orangenscheiben pro
Meter Girlande (siehe S. 54)
feiner Silber- oder Golddraht zum
Aufhängen der Orangenscheiben

SO GEHT ES:

Das Immergrün in ca. 20 cm lange Stiele
zurechtschneiden und sortiert bereitlegen. Den Draht etwa 20 cm unterhalb
des Seilendes festwickeln.

TIPP: Mit den freien Enden des Seils
lässt sich die fertige Girlande leichter
festbinden, z.B. an einem Geländer.

Jeweils 7–8 Stiele zu einem Büschel zu-
sammennehmen, auf das Seil legen und
das Grün zweimal fest mit dem Draht
umwickeln. Weitere Büschel dachziegelartig auf das Seil binden, bis die Girlande
die gewünschte Länge erreicht hat. Wenn
die Girlande rundherum gebunden sein
soll, ein Büschel auf die Vorderseite und
eins auf die Rückseite des Seils legen und
mit Draht fixieren. Für eine Kamingir-
lande reicht eine halbseitig gebundene,
für die Treppe, die Tür oder das Tablett
ist eine rundherum gebundene Girlande
schöner.

Zum Schluss den Draht nicht zu kurz
abschneiden, um das Reststück gut unter
die Verdrahtung der Girlande schieben
und fixieren zu können. Die Girlande mit
den Seilenden jeweils oben und unten
z.B. auf dem Treppengeländer befestigen.
Dazwischen an 2–3 Stellen dem Ganzen
mit Draht Halt geben. Zuletzt die Orangenscheiben mit Draht auffädeln und
dekorativ an der Girlande befestigen.

KOMMT BITTE ZU TISCH!

WENN DIE GÄSTE MIT SOLCH LIEBEVOLLEN PLATZKARTEN WILLKOMMEN GEHEISSEN WERDEN, TAUCHEN SIE SOFORT EIN IN EINE FESTLICHE ATMOSPHÄRE UND ERÖFFNEN FREUDIG DIE TISCHGESPRÄCHE …

ORANGEN-GOLD-SCHILDCHEN

Handgeschöpftes weißes Papier, Goldschrift und ein kleines Siegel. Ein handgeschriebenes Namensschild bedarf nicht viel, um zauberhaft auszusehen. Dazu eine getrocknete Orangenscheibe (siehe S. 54) legen, mit gewelltem Golddraht durchfädeln und an den Drahtenden eine zarte Glasperle auffädeln.

BLUMENSTRÄUSSLEIN

Ein Gebinde aus Trockenblumen für jeden Gast. Das ist zugleich auch das herzliche Give-away. Die Kombination aus Nigella, weißer Strohblume, flauschigem Gras, blauer Edeldistel und rosa Reisblume wirkt mit dunkelgrünem Samtband sehr weihnachtlich auf dem Tisch. Dazu passt hervorragend ein kleines Namensschild aus Naturkarton, das wir mit grüner Tinte beschriften.

GESTICKTES GLÜCK

Ein kleiner Holz-Stickrahmen (Ø 10 cm) auf einer Leinenserviette verwandelt sich mit einem beschrifteten Etikett zu einem wundervollen Namensschild. Mit dem Stielstich (siehe S. 76) lässt sich auf hellgrauem Filzstoff ganz einfach ein winterlicher Zweig sticken. Angenähte Glasperlen bringen den Zweig zum Strahlen.

GOLDENER EMPFANG

Büttenpapier, ein Goldstift, goldenes Stickgarn, eine spitze große Sticknadel, ein Bleistift und eine Schere werden für dieses Namensschild benötigt.
Mit Bleistift erst hauchzart das Muster auf das Papier zeichnen und mit dem Stielstich (siehe S. 76) nachsticken. Zum Schluss in goldener Schrift den Namen des Gastes dazu schreiben.

WINTERSALAT MIT FENCHEL UND ORANGEN

DER SELBSTGEMACHTE GRANATAPFELSIRUP SORGT FÜR EINE BESONDERE RAFFINESSE!

ZUTATEN
FÜR 4–6 PERSONEN:

FÜR DEN GRANAT-APFELSIRUP:
1 Granatapfel für Saft (ca. 150 ml)
50 g Rohrohrzucker

FÜR DIE VINAIGRETTE:
5 EL Weißweinessig
Saft von ½ Zitrone
8 EL vom Grantapfelsirup
½ TL Salz
½ TL Dijonsenf
1 TL Agavendicksaft
Pfeffer aus der Mühle
8 EL feines Olivenöl

FÜR DEN SALAT:
2 Fenchelknollen mit Grün
1–2 rote Zwiebeln
4 EL feines Olivenöl
Salz
Pfeffer aus der Mühle
2 Orangen
2 Blutorangen
1 Granatapfel

Für den Sirup den Granatapfel in einer Zitronenpresse auspressen. Den Saft mit dem Zucker in einem kleinen Topf aufkochen und bei milder Hitze auf die Hälfte reduzieren. Beiseitestellen und auskühlen lassen.

TIPP: Der Sirup hält sich im Kühlschrank in einer verschließbaren Flasche mehrere Wochen.

Für die Vinaigrette alle Zutaten, bis auf das Öl, vermengen. Dann das Öl nach und nach mit dem Schneebesen unterrühren.
Den Backofen auf 200 °C (Umluft) vorheizen. Für den Salat den Fenchel waschen, putzen und in Streifen schneiden, das Grün beiseitelegen. Die Zwiebel schälen und in Streifen schneiden. Die Gemüsestreifen in eine kleine Auflaufform geben, mit Öl beträufeln, vermischen, salzen und pfeffern. Das Gemüse 20 Minuten im heißen Ofen fast weich garen, dabei nach 10 Minuten einmal wenden. In den letzten 1–2 Minuten Grillfunktion (falls vorhanden) zuschalten für eine schöne Bräunung. Anschließend das Gemüse abkühlen lassen.

Inzwischen die Orangen samt der weißen Haut schälen und das Fruchtfleisch in dünne Scheiben schneiden, dabei den Saft auffangen und unter die Vinaigrette rühren. Die Granatapfelkerne auslösen und zur Vinaigrette geben. Zum Anrichten die Orangenscheiben auf Teller legen. Die Fenchel-Zwiebel-Mischung darauf verteilen, mit der Vinaigrette großzügig beträufeln und mit etwas Fenchelgrün dekorieren.

LACHS MIT ZITRUSFRÜCHTEN

EIN FESTLICHES OFENGERICHT, DAS SICH GANZ LEICHT UND ENTSPANNT FÜR GÄSTE ZUBEREITEN LÄSST.

ZUTATEN FÜR 6 PERSONEN:

1 kg Lachsfilet
1 Orange oder Blutorange
1 Zitrone
1 rote Zwiebel
50 ml Olivenöl
2 TL Honig
Salz
Pfeffer aus der Mühle
1 Knoblauchknolle

FÜR DIE SAUCE:

1 Schalotte
1 EL Olivenöl
125 ml Weißwein
125 ml Gemüsebrühe
250 ml Orangensaft, frisch gepresst
Salz
Pfeffer aus der Mühle
1 Zweig frischer Thymian
2 TL Maisstärke
50 ml Sahne
10 g Butter

Den Backofen auf 80 °C (Umluft) vorheizen (Niedriggarmethode). Das Lachsfilet kurz abspülen, trockentupfen und evtl. restliche Gräten mit einer Pinzette entfernen. Von der Orange und der Zitrone die Schale mit einem scharfen Messer rundherum entfernen. Die Früchte in dünne Scheiben schneiden. Die Zwiebel schälen und in hauchdünne Scheiben schneiden. Den Fisch in einer feuerfesten Form mit dem Olivenöl begießen, darin wenden und die Hautseite nach unten legen. Die Oberseite mit Honig bestreichen und mit Salz und Pfeffer würzen. Den Lachs mit den Zitrusfrüchten und der Zwiebel dekorativ belegen. Den Knoblauch halbieren und dazugeben. Den Lachs im heißen Ofen 1 Stunde garen.

Für die Sauce die Schalotte schälen und fein würfeln. Das Olivenöl in einem Topf erhitzen und die Schalotten darin glasig dünsten. Mit dem Wein, der Brühe und dem Orangensaft ablöschen und mit Salz und Pfeffer würzen. Den Thymian dazugeben und die Sauce 30 Minuten bei milder bis mittlerer Hitze einköcheln lassen. Danach durch ein Sieb in einen weiteren Topf gießen und zurück auf den Herd stellen. Die Stärke mit wenig kaltem Wasser anrühren. Die Sahne und die Stärke-Mischung zur Sauce geben, unter Rühren aufkochen lassen. Zum Schluss die Butter würfeln und unterrühren. Den Lachs aus dem Ofen nehmen und mit der Orangensauce servieren.

TIPP: Wer den Lachs als Hauptgericht zubereiten möchte, serviert z.B. noch einen Basmatireis dazu.

GERÖSTETE KAROTTEN UND ROTE BETE

DURCH DAS GAREN IM OFEN BEKOMMT DAS WURZELGEMÜSE EIN KRÄFTIGES AROMA!

ZUTATEN FÜR 4–6 PERSONEN:

1 Bund schmale, kleinere Karotten
12 Mini Rote Bete (alternativ 4 Rote Beten, geviertelt)
100 ml feines Olivenöl
4 EL Ahornsirup
Salz
Pfeffer aus der Mühle

Hummus (siehe S. 130)

ZUM DEKORIEREN:
ein paar frische Thymianblättchen
etwas Sesam

Den Backofen auf 200 °C (Ober- und Unterhitze) vorheizen.

Das Gemüse nacheinander waschen und schälen. Dabei Stielansätze stehen lassen. Die Karotten und die Rote Beten jeweils in eine separate Auflaufform legen.

Das Olivenöl, den Ahornsirup, das Salz und den Pfeffer vermischen und jeweils eine Hälfte auf dem Gemüse verteilen. Das Gemüse vorsichtig wenden, sodass es vollständig damit überzogen ist.

Die Auflaufformen in den heißen Ofen schieben und das Gemüse 25–35 Minuten darin rösten. Falls eine Grillfunktion vorhanden ist, diese in den letzten 5 Minuten zuschalten.

Die Karotten auf dem Hummus verteilen, der vorher auf eine Servierplatte gestrichen wurde. Mit den Thymianblättchen bestreuen.

Die Rote Beten auf den Rote-Bete-Hummus legen, der ebenfalls auf einen Teller oder eine Servierplatte aufgestrichen wurde, und mit dem Sesam bestreuen.

HUMMUS IN ZWEI VARIATIONEN

DIESER DIP IST SCHNELL ZUBEREITET UND AUCH ALS AUFSTRICH EINFACH KÖSTLICH.

ZUTATEN FÜR 4–6 PERSONEN:

250 g getrocknete Kichererbsen, alternativ 1 Dose Kichererbsen (Abtropfgewicht 265 g)
1–2 Knoblauchzehen
1 TL Salz
Saft von 1 Zitrone
½ TL gemahlener Kreuzkümmel
125 g Tahini
2 EL Olivenöl
2 kleine vorgekochte Rote Bete

Die getrockneten Kichererbsen am Vortag in der doppelten Menge Wasser mindestens 12 Stunden einweichen. Je länger die Einweichzeit ist, umso kürzer ist nachher die Garzeit beim Kochen.

Die eingeweichten Kichererbsen in ein Sieb geben, mit kaltem Wasser abspülen und gut abtropfen lassen. Anschließend in frischem Wasser mit den Knoblauchzehen mindestens 1 Stunde garen, bis sie weich sind.

Einige Kichererbsen zum Dekorieren beiseitelegen. Die restlichen Kichererbsen mit dem Salz, dem Zitronensaft, dem Kreuzkümmel und dem Tahini in einem Hochleistungsmixer pürieren. Wenn alles schön geschmeidig ist, einen Schuss eiskaltes Wasser untermixen. Das macht den Hummus besonders cremig. Die Hälfte des Hummus in eine kleine Schüssel füllen und mit 1 EL Olivenöl und den beiseitegelegten Kichererbsen dekorieren.

Die Rote Bete schälen und, bis auf zwei dünne Scheiben, zum zweiten Teil Hummus in den Mixer geben. Noch einmal kräftig durchmixen. Den Rote-Bete-Hummus ebenfalls in eine kleine Schüssel füllen und mit den beiseitegelegten Scheiben, evtl. in Streifen geschnitten, dekorieren. Mit dem restlichen Olivenöl beträufeln.

TIPP: Geröstetes Gemüse und Hummus sind ein geniales Duo! Hierfür wird er dünn auf eine Platte gestrichen und obendrauf kommt das Gemüse (siehe S. 128). Übrigens, luftdicht verschlossen bleibt der Hummus im Kühlschrank mehrere Tage frisch.

Die Natur stimmt uns wunderbar festlich ein. Der Nebel liegt noch im Tal, die Landschaft ist mit Raureif überzogen.

WINTERPAVLOVA

MEINE GARTENFREUNDIN MARTHA HAT DIESES KÖSTLICHE REZEPT VON EINER ENGLANDREISE MITGEBRACHT.

ZUTATEN FÜR EINE TORTE (Ø 26 CM):

FÜR DEN BAISERBODEN:
4 Eiweiß
2 TL Wasser
230 g Puderzucker
1 Päckchen Bourbon-Vanillezucker
1 TL Weißweinessig
3 TL Maisstärke

FÜR DEN BELAG:
3–4 Orangen
100 g heller Rohrohrzucker
200 ml Orangensaft
1 kleine Ceylon-Zimtstange
1 Sternanis
2 Gewürznelken
400 ml Sahne

ZUM BESTÄUBEN:
etwas Puderzucker

Backpapier für das Backblech

Den Backofen auf 140 °C (Umluft) vorheizen. Ein Backblech mit Backpapier auslegen und einen Kreis von 26 cm Ø darauf markieren.

Für den Baiserboden das Eiweiß mit dem Wasser in der Küchenmaschine oder mit den Quirlen des Handrührgeräts sehr steif schlagen. Die Zucker nach und nach hinzugeben und ca. 10 Minuten rühren. Zum Schluss den Essig und die Stärke unter die Creme rühren. Mit einem Spatel die Baisermasse auf dem markierten Kreis verteilen, dabei den Rand leicht erhöhen und dekorativ formen.

Die Pavlova ca. 65 Minuten im heißen Ofen backen, danach den Ofen ausschalten und die Pavlova 1 Stunde im Ofen trocknen lassen.

In der Zwischenzeit für den Belag die Schale der Orangen mit einem scharfen Messer entfernen und die Früchte anschließend in Scheiben schneiden. Den Zucker in einem Topf karamellisieren und mit dem Saft ablöschen. Die Gewürze hinzugeben und den Topf vom Herd nehmen. Die Orangenscheiben in den Fond geben und ziehen lassen.

Die Sahne steif schlagen und auf der Mitte der Pavlova „wolkig" verteilen. Mit den abgetropften Orangenscheiben dekorieren und mit dem Puderzucker bestäuben.

TIPP: Pavlova schmeckt auch mit Beerenfrüchten ganz ausgezeichnet.

KLEINE APFEL-PANETTONE

DURCH DIE APFELSTÜCKCHEN IM TEIG BLEIBT DER PANETTONE BESONDERS LANGE FRISCH. HÜBSCH VERPACKT IST ER EIN BELIEBTES GIVE-AWAY!

ZUTATEN FÜR EINE 12ER PANETTONE-FORM (ALTERNATIV 12ER MUFFINFORM):

200 ml Milch
200 g heller Rohrohrzucker
1 Würfel frische Hefe
500 g Dinkelmehl, Type 630
200 g weiche Butter (Zimmertemperatur)
Mark von 1 Vanilleschote
1 Prise feines Meersalz
abgeriebene Schale von 1 Bio-Zitrone
3 Eier (Zimmertemperatur)
2 Eigelb (Zimmertemperatur)
1 großer Apfel
100 g Rosinen

ZUM DEKORIEREN:
dünne, getrocknete Apfelscheiben

ZUM BESTÄUBEN:
etwas Puderzucker

etwas Butter für die Form

Für den Hefeteig 100 ml der Milch mit 25 g des Zuckers lauwarm erhitzen. Die Hefe darin auflösen. Das Mehl in eine Schüssel sieben, eine Mulde eindrücken und die Hefemischung dort hineingeben. Mit etwas Mehl vom Rand bestäuben und mit einem Küchentuch abgedeckt 20 Minuten bei Zimmertemperatur gehen lassen.

Den Backofen auf 175 °C (Ober- und Unterhitze) vorheizen.

In einer zweiten Schüssel die Butter mit dem restlichen Zucker, dem Mark der Vanilleschote, dem Salz und der Zitronenschale in ca. 5 Minuten weiß cremig rühren. Die Eier und die Eigelbe, zimmerwarm, nacheinander unterrühren. Die restliche Milch ebenfalls unterrühren. Den Hefe-Vorteig dazugeben und die Masse in 7 Minuten mit den Knethaken des Rührgeräts zu einem glatten, glänzenden Teig verkneten. Den Apfel schälen, vierteln, das Kerngehäuse entfernen und die Viertel klein würfeln. Die Rosinen und die Apfelwürfel kurz unter den Teig kneten.

Die Panettone-Form mit Butter einfetten und den Teig portionsweise einfüllen. Den Teig mit einem Küchentuch abgedeckt bei Zimmertemperatur 15 Minuten gehen lassen. Den Panettone im heißen Ofen ca. 30 Minuten backen, Stäbchenprobe machen. Den Panettone auf einem Kuchenrost leicht abkühlen lassen. Nach Belieben mit getrockneten Apfelscheiben und evtl. einem hübschen Band dekorieren. Mit Puderzucker bestäuben.

ZIMT-CRÈME-BRÛLÉE MIT GEWÜRZBIRNE

DIESES HIMMLISCHE DESSERT LÄSST SICH SEHR GUT VORBEREITEN. ZUM SERVIEREN NUR NOCH MIT ETWAS ZUCKER BESTREUEN UND KARAMELLISIEREN.

ZUTATEN FÜR 6 PERSONEN:

FÜR DIE CRÈME BRÛLÉE:
80 g heller Rohrohrzucker (oder Puderzucker)
400 ml Sahne
100 ml Milch
Mark von 1 Vanilleschote
4 Eigelb
1 ½ TL gemahlener Ceylon-Zimt
6 TL brauner Rohrohrzucker

FÜR DIE GEWÜRZBIRNEN:
2 Birnen
Saft von ½ Zitrone
2 EL Butter
Mark von ½ Vanilleschote
2 EL heller Rohrohrzucker
1 große Prise gemahlener Ceylon-Zimt

Bunsenbrenner

Für die Crème brûlée den Rohrohrzucker im Hochleistungsmixer zu Puderzucker mahlen (alternativ fertigen Puderzucker nehmen). Die Sahne, die Milch, das Vanillemark, die Eigelbe, den Zimt und den Puderzucker vermischen. Diese Mischung luftdicht abdecken und mindestens 3 Stunden, besser über Nacht, durchziehen lassen.

Den Backofen auf 140 °C (Umluft) vorheizen. Die Milchmischung in feuerfeste flache Schälchen füllen. Die Schälchen auf ein tieferes Backblech stellen, in den Ofen schieben und in das Backblech sehr langsam, so viel kochend heißes Wasser gießen, bis die Schälchen ca. ¾ im Wasser stehen. Die Creme im heißen Ofen ca. 30 Minuten stocken lassen, sie sollte dann halbfest sein. Die Schälchen vorsichtig herausnehmen und vollständig abkühlen lassen.

Für die Gewürzbirnen die Birnen waschen, schälen, entkernen, in Würfel schneiden und sofort mit dem Zitronensaft beträufeln. Die Butter in einer kleinen Pfanne zerlassen. Das Vanillemark und den Zucker darüber streuen und vermengen. Die Birnenwürfel zugeben, mit dem Zimt bestreuen und 5 Minuten bei milder Hitze köcheln lassen. Die Gewürzbirnen neben oder auf der Crème brûlée anrichten.
Die Crème brûlées jeweils mit 1 TL braunem Rohrohrzucker bestreuen und diesen mit dem Bunsenbrenner karamellisieren. Anschließend sofort mit den Birnen servieren.

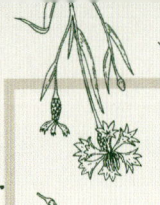

KLEINES HERBARIUM

PFLANZENVERZEICHNIS

1. Weißdorn (*Crataegus*)
2. Erlenzapfen (*Alnus glutinosa*)
3. Lärchenzapfen (*Larix decidua*)
4. Christrose (*Helleborus niger*)
5. Ahornsaatstände (*Acer campestre*)
6. Dornige Wolfsmilch (*Euphorbia spinosa*)
7. Rosmarin (*Rosmarinus officinalis*)
8. Stechpalme (*Ilex*)
9. Arizona-Zypresse (*Cupressus arizonica*)
10. Kiefer (*Pinus*)
11. Nordmanntanne (*Abies nordmanniana*)
12. Eukalyptus (*Eukalyptus cinerea*)
13. Eukalyptus (*Eukalyptus nicoli*)
14. Eukalyptus (*Eukalyptus parvifolia*)
15. Eukalyptus mit Fruchtständen (*Eukalyptus populus*)
16. Olivenzweige (*Olea europaea*)
17. Buchs (*Buxus sempervirens*)
18. Efeu mit Fruchtständen (*Hedera helix*)

TROCKENBLUMEN:

1. Protea (*Protea*)
2. Wilde Karde (*Dipsacus fullonum*)
3. Schlafmohn (*Papaver somniferum*)
4. Waldrebe mit Samenständen (*Clematis*)
5. Pfeifengras (*Molinia*)
6. Chinesisches Silbergras/ Chinaschilf (*Miscanthus sinensis*)
7. Ballhortensie Annabelle (*Hydrangea arborescens "Annabelle"*)
8. Hasenschwanzgras (*Lagurus ovatus*)
9. Perlkörbchen "Sommerschnee" (*Anaphalis triplinervis*)
10. Strohblume „Silver white" (*Helichrysum bracteatum/ „silver white"*)
11. Strohblumen, weiß natur (*Helichrysum*)
12. Strandflieder, weiß (*Goniolimon tataricum/ Limonium*)
13. Jungfer-Im-Grünen Samenkapseln (*Nigella damascena*)
14. Blaue Edeldistel (*Eryngium planum*)
15. Reisblume, rosa (*Ozothamnus diosmifolius*)
16. Strohblume, pinkfarben (*Helichrysum*)
17. Färberdistel (*Carthamus tinctorius*)
18. Fuchsschwanz (*Amaranthus caudatus*)

SIEHE BILDER S. 52, 53

TEAM

THERESA BAUMGÄRTNER
Konzept, Text, Rezepte, Fotos, Foodstyling, Setstyling
geb. 1987 in Hamburg, lebt heute mit ihrer Familie in Luxemburg. Nach dem Studium in Kultur und Wirtschaft folgte sie beruflich ihrem Herzen. Sie ist begeisterte Kochbuchautorin, schreibt und fotografiert für Magazine, arbeitet als freie TV-Autorin und gestaltet in Hazelnut House als leidenschaftliche Gastgeberin kulinarische Workshops und Events.
WWW.THERESASKUECHE.DE
WWW.HAZELNUT-HOUSE.COM

LUCIA BAUMGÄRTNER
Konzept, Texte, Rezepte, Foodstyling, Setstyling
geb. 1962 in Nordbaden, lebt südlich von Hamburg und arbeitet seit vielen Jahren als freie Autorin u.a. für den NDR. Die Begeisterung für kulinarische Themen trägt sie in ihren Reportagen und Kochbüchern weiter.

JULIA LEISSING
Grafische Gestaltung
geb. 1984 in Vorarlberg, Ausbildung in Wien an der Graphischen. Nach über 14 Jahren Wien kehrte sie in ihre alte Heimat zurück. Dort arbeitet sie selbständig und übernimmt besonders gern kulinarische Projekte.
WWW.JULIKAT.COM

CLARE MELINSKY
Illustrationen (Umschlag)
Sie zählt zu den renommiertesten Illustratorinnen Großbritanniens. Seit ihrem Abschluss an der Central School of Art in London lebt und arbeitet Clare in ihrem Cottage im Südwesten Schottlands.
WWW.CLAREMELINSKY.CO.UK

KATHARINA RALSER
Bastelillustrationen
Die geborene Voralbergerin studierte in Wien und Paris Grafikdesign. Immer auf der Suche nach der idealen Form für den jeweiligen Inhalt experimentiert sie mit vielen Techniken.
WWW. KATHARINARALSER.AT

SARINA HUNKEL — *Lektorat*
studierte Ökotrophologie und war Redakteurin beim Magazin ESSEN & TRINKEN. Seit 2018 lebt die Freiberuflerin als Lektorin, Journalistin und Yoga-Lehrerin in ihrer Heimat Frankfurt.
WWW.SARINAHUNKEL.COM

INSA VOIGTS
Redaktionelle Mitarbeit
Sie hat sich während ihres Praktikums in der Redaktion von Hazelnut House mit großem Engagement in der Buchproduktion eingebracht, besonders im Bereich der Fotografie.

HEIKE MEYERS — *Rezepte*
Die kreative Köchin aus Luxemburg sorgt für besondere kulinarische Höhenflüge.
WWW.PMG.LU

FÜR ALLE, DIE STERNENSTAUB LIEBEN!

BACKEN IN DER WINTERZEIT

Theresa Baumgärtner öffnet ihre Winterbackstube und verrät uns ihre liebsten Rezepte vom Land, von der Küste, aus den Bergen und der Stadt. Sie gibt Dekorationsideen und lädt mit ihren Geschichten zum Träumen ein.

WEIHNACHTEN

Weihnachten: Für die leidenschaftliche Köchin und Bäckerin Theresa Baumgärtner die schönste Zeit des Jahres. Inspirationen sammelt sie auf ihren Reisen nach Edinburgh und in den Schwarzwald und nimmt sie schließlich mit nach Hause.

WUNDERVOLLE WEIHNACHTSBÄCKEREI

Märchenhaft inspiriert durch die Ballettstücke „Nussknacker" und „Schwanensee" reist die Fernsehköchin Theresa Baumgärtner ins vorweihnachtliche Allgäu. Die Landschaft rund um das Schloss Neuschwanstein präsentiert sich wie eine schneebestäubte romantische Winterbühne.

BACKEN IN DER WINTERZEIT
ISBN 978-3-7106-0098-2

WEIHNACHTEN
ISBN 978-3-7106-0332-7

WUNDERVOLLE WEIHNACHTSBÄCKEREI
ISBN 978-3-7106-0473-7

WUNDERVOLLE WEIHNACHTS-KARTEN ZUM VERSCHENKEN

Kerzen anzünden, Tee aufgießen und Weihnachtskarten schreiben, das sind wunderbar entspannte und schöne Rituale in der festlichen Zeit. Und mit den Illustrationen der bekannten englischen Künstlerin Clare Melinsky macht das Schreiben besonders viel Freude! Jedes Motiv ist in ihrem kleinen Atelier in Schottland entstanden und erzählt von der handwerklichen Kunst des Linoldruckes.

IN UNSEREN TRÄUMEN WEIHNACHTET ES SCHON

Theresa Baumgärtner hat die bekannte britische Illustratorin Clare Melinsky dazu inspiriert, den schönsten Adventskalender des Jahres zu entwerfen. Hinter jedem der 24 Türchen versteckt sich eine liebevolle Zeichnung. Und es gibt noch eine weitere Überraschung: Eine Szenerie aus dem verschneiten Weihnachtswald zum dekorativen Aufstellen. Eine Füchsin mit ihren Jungen versammelt sich um ein geschmücktes Bäumchen und inspiriert die Familie zum Erzählen und Geschichten ausdenken.

REGISTER

NACH ALPHABET
REZEPTE

Birnen-Zimt-Cocktail	114
Bratäpfel mit Vanillesauce	48
Feines Käsegebäck zum Aperitif	116
Geräucherte Forelle auf feinen Linsen	104
Geröstete Karotten und Rote Bete	128
Gewürztee	25
Hühnerbrühe	103
Hummus in zwei Variationen	130
Kaiserschmarrn mit Beerenkompott	51
Kekse für den Weihnachtswald	69
Kleine Apfel-Panettone	135
Lachs mit Zitrusfrüchten	127
Maronen-Apfel-Brot	102
Maronensuppe	99
Rosiges Apfeltörtchen	111
Schokoladentörtchen	107
Süße Kränze	45
Winterpavlova	132
Winterporridge mit Birnen	22
Wintersalat mit Fenchel und Orangen	124
Zimt-Crème-brûlée mit Gewürzbirne	136
Zimtherzen	27
Zweierlei festliche Tartelettes	108

BASTELN UND HANDWERK

Allerlei Kranzbinderei	35
Christbaumkugeln aus Papierstreifen	81
Eine Girlande vom Lande	119
Festliche Girlande aus Goldtalern	67
Glanzstücke	40
Goldener Mistelzweig	79
Kleines Herbarium der Grünen Schmuckwerkstatt	52
Kleines Herbarium Pflanzenverzeichnis	138
Kommt bitte zu Tisch! (Platzkarten)	120
Kranz aus Trockenblumen	61
Luftiger Adventskranz mit Blüten	63
Orangenscheiben als Schmuckstücke	54
Pflanzenverzeichnis	138
Pilze aus Samt	89
Pinienzapfen für den Kranz	39
Sternenglanz	85
Weidenringe	16
Weihnachtliches Stickatelier	76
Weihnachtswolke mit getrockneten Blüten und Orangen	56
Winterlich verzauberte Eicheln	43
Wir schmücken das Fenster	59
Zarter Goldkranz	87

GESCHICHTEN UND POESIE

An einem Wintermorgen	12
Auszug aus: Alice's Adventures in Wonderland	1
Geliebter Auftakt	32
Schöne Utensilien	74
Von Fliegenpilzen und Vögeln aus Glas	93
Zwei Bären (Gedicht)	71

NACH KATEGORIEN
REZEPTE

Theresas Frühstück

Winterporridge mit Birnen	22

High Tea vor dem Kamin
Herzhaft

Geräucherte Forelle auf feinen Linsen	104
Hühnerbrühe	103
Maronen-Apfel-Brot	102
Maronensuppe	99
Zweierlei festliche Tartelettes	108

Süß

Bratäpfel mit Vanillesauce	48
Kekse für den Weihnachtswald	69
Kleine Apfel-Panettone	135
Rosiges Apfeltörtchen	111
Schokoladentörtchen	107
Süße Kränze	45
Zimtherzen	27

Entspannte Tafelrunde
Kleiner Auftakt

Birnen-Zimt-Cocktail	114
Feines Käsegebäck zum Aperitif	116

Geräucherte Forelle auf feinen Linsen 104
Hühnerbrühe 103
Maronensuppe 99
Wintersalat mit Fenchel und Orangen 124
Zweierlei festliche Tartelettes 108

Hauptgerichte
Geröstete Karotten und Rote Bete 128
Hummus in zwei Variationen 130
Lachs mit Zitrusfrüchten 127

Desserts
Bratäpfel mit Vanillesauce 48
Kaiserschmarrn mit Beerenkompott 51
Winterpavlova 132
Zimt-Crème-brûlée mit Gewürzbirne 136

Getränke
Birnen-Zimt-Cocktail 114
Gewürztee 25

BASTELN UND HANDWERK

Grüne Schmuckwerkstatt
Allerlei Kranzbinderei 35
Kranz aus Trockenblumen 61
Luftiger Adventskranz mit Blüten 63
Orangenscheiben als Schmuckstücke 54
Pinienzapfen für den Kranz 39
Weidenringe 16
Weihnachtswolke mit getrockneten
Blüten und Orangen 56
Winterlich verzauberte Eicheln 43
Wir schmücken das Fenster 59

Mit Papier, Schere und Zwirn
Christbaumkugeln aus Papierstreifen 81
Festliche Girlande aus Goldtalern 67
Goldener Mistelzweig 79
Kommt bitte zu Tisch! (Platzkarten) 120
Pilze aus Samt 89
Sternenglanz 85
Weihnachtliches Stickatelier 76
Zarter Goldkranz 87

ZITATE

ALLIOTT, ANN F.: Souvenirs: Geschenke aus dem Garten. Der Schnee: arsEdition 1997

BAYERISCHES VOLKSGUT: Der Bratapfel

CARROLL, LEWIS: Alice's Adventures in Wonderland & Through the Looking-Glass: And What Alice Found There. Macmillan Collector's Library 2016

LINS, BERNHARD: Kindertheater fürs ganze Jahr: 13 kurze Rollenspiele. Zwei Bären. Berlin: Annette Betz im Ueberreuter Verlag 2016

WEIHNACHTSLIED AUS DEM 14. JAHRHUNDERT: In dulci jubilo

Wir danken den Rechteinhabern für die freundliche Abdruckgenehmigung.

LIEBE LESERIN, LIEBER LESER,

Hat Ihnen dieses Buch gefallen?
Wünschen Sie weitere Informationen zum Thema?
Möchten Sie mit der Autorin in Kontakt treten?
Wir freuen uns auf Austausch und Anregung!
#theresasweihnachten #sternenstaub

E-MAIL: leserbrief@brandstaetterverlag.com

Wir sagen Danke.
Bleiben wir in Verbindung!

Lassen Sie sich inspirieren!
Gute Geschichten und schöne Geschenkideen auf

WWW.BRANDSTAETTERVERLAG.COM

BRANDSTÄTTER VERLAG

A-1080 Wien
Wickenburggasse 26
T: 0043-1-5121543-256

D-80999 München
Eversbuschstraße 40a
T: 0049-89-5008088-22

---

1. AUFLAGE
Alle Rechte vorbehalten
Copyright © 2021 by
Christian Brandstätter Verlag
GmbH & Co KG, Wien

ISBN 978-3-7106-0547-5

ILLUSTRATIONEN UMSCHLAG:
Clare Melinsky
FOTOS: Theresa Baumgärtner
ART DIREKTION & GRAFIK:
Julia Leissing
BASTELILLUSTRATIONEN:
Katharina Ralser
LEKTORAT: Sarina Hunkel
PROJEKTLEITUNG BRANDSTÄTTER VERLAG: Stefanie Neuhart

PAPIER:
GardaPat 11, 150gr, 1,1fach Vol

DRUCK UND BINDUNG:
Buch Theiss GmbH,
A-9431 St. Stefan

Designed and printed in Austria

WIR TRAGEN VERANTWORTUNG
Dieses Buch wurde auf hochwertigem, FSC®-zertifizierten Naturpapier gedruckt.

Das Forest Stewardship Council® ist eine internationale Nicht-Regierungsorganisation, die weltweit eine umweltfreundliche, sozial gerechte und wirtschaftlich tragfähige Bewirtschaftung der Wälder fördert.

Die Druckerei ist FSC®- (FSC-A000513) und Cradle to Cradle® (C2C)-zertifiziert; als Mitglied von ClimatePartner ermöglicht die Druckerei ihren Kunden die Option von klimaneutralen Produktionen bzw (über C2C) die weltweit fortschrittlichste und wissenschaftlich fundierteste Zertifizierung für Produkte, die sicher, kreislauffähig und verantwortungsbewusst gegenüber unserer Umwelt sind.

BILDNACHWEIS:
VS, NS © Adobe Stock,
Seite 1, 71 © The Graphics Fairy

Seite 10, 30, 72, 94, 112 © iStock
Seite 11, 31, 73, 95, 113 © Alamy

VIELEN DANK DEN KOOPERATIONSPARTNERN:
Schneidebrett aus Luxemburger Eichenholz: Hazelnut House
Küchengeräte: Gaggenau
Ring, Kette, Ohrringe: Schwester Schwester National Trust Secateur: British Garden
Wattepilze: Dresdner Pappen
Tapeten: Antoinette Poisson Paris und „Stag Trail Arsenic" von Little Green

BEI THERESA ZU GAST
Zur Einstimmung auf die festliche Zeit finden in Hazelnut House und auch online regelmäßig kreative, kulinarische Workshops statt:
www.hazelnut-house.com

Jeden Donnerstagabend um 21 h begeistert Theresa auf ihrem Instagram-Kanal @hazelnut_house_1851 live ihre Zuschauer rund um die Themen: Rezepte, Garten, Tischkultur und Porträt.